El peligro de estar cuerda

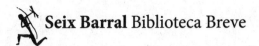 **Seix Barral** Biblioteca Breve

Rosa Montero
El peligro de estar cuerda

Obra editada en colaboración con Editorial Planeta – España

© 2022, Rosa Montero

© 2022, Editorial Planeta S.A. – Barcelona, España

Derechos reservados

© 2022, Editorial Planeta Mexicana, S.A. de C.V.
Bajo el sello editorial SEIX BARRAL M.R.
Avenida Presidente Masarik núm. 111,
Piso 2, Polanco V Sección, Miguel Hidalgo
C.P. 11560, Ciudad de México
www.planetadelibros.com.mx

© Imágenes del interior: archivo personal de la autora; pág. 86, Giuliano
Grittini / Incisione Arte snc; pág. 174, Science Source / New York Public
Library / Album

Primera edición impresa en España: abril de 2022
ISBN: 978-84-322-4064-5

Primera edición impresa en México: abril de 2022
Octava reimpresión en México: enero de 2024
ISBN: 978-607-07-8625-9

Impreso en los talleres de Impregráfica Digital, S.A. de C.V.
Av. Coyoacán 100-D, Valle Norte, Benito Juárez
Ciudad de México, C.P. 03103
Impreso en México –*Printed in Mexico*

Para mis editoras españolas, y amigas muy queridas,
Elena Ramírez, de Seix Barral, y Pilar Reyes,
de Alfaguara, extraordinarias profesionales y mujeres
bellas, buenas y sabias. Teneros cerca es un lujo. Para la
gran Anne Marie Métailié, creadora a fuerza de magia y
de talento de una de las editoriales más notables de
Francia, y para Manuel Valente, mi formidable editor
portugués y además muy buen poeta. Para mis otros
editores españoles y extranjeros, y para todos cuantos han
trabajado con mis libros tanto en España como fuera,
editores de mesa, agentes de prensa, comerciales,
administrativos, mensajeros. Para la Agencia Literaria
Carmen Balcells en pleno, Lluís Miquel Palomares,
Carina Pons, Maribel Luque, Glòria Gutiérrez, Javier
Martín, Ivette Antoni, Nuria Coloma, Ramón Conesa,
Carles Masdeu, Núria Rodríguez y todos los demás,
hermanos míos en el camino de la literatura: os quiero.
Para mis esforzados traductores, en especial mis amigos
Lilit Thwaites (inglés), Myriam Sumbulovich, Iaia Caputo
y Bruno Arpaia (italiano) y Myriam Chirousse (francés),
los tres últimos, además, estupendos novelistas.
Para todos esos libreros a los que amo, pero también para
los que aún no conozco, ángeles generosos que cuidan de
mis libros. Para los bibliotecarios, pieza esencial del tejido
cultural de un país. Y, sobre todo, para ti, que me estás
leyendo. Gracias, muchas gracias. Sin vosotros, yo no
existiría. Sois mi familia de tinta y de palabras.

Habiendo visto con qué lucidez y coherencia lógica algunos locos justifican, ante sí mismos y ante los otros, sus ideas delirantes, perdí para siempre la seguridad completa en la lucidez de mi lucidez.

FERNANDO PESSOA

Es una lástima que los locos no tengan derecho a hablar sensatamente de las locuras de la gente sensata.

WILLIAM SHAKESPEARE

Mis admiradores creen que me he curado, pero no; solo me he hecho poeta.

ANNE SEXTON

CHUPANDO COBRE

Siempre he sabido que algo no funcionaba bien dentro de mi cabeza. A los seis o siete años, todos los días, antes de dormir, le pedía a mi madre que escondiera un pequeño adorno que había en casa, un horroroso calderito de cobre, el típico objeto de tienda de suvenires baratos o quizá incluso el regalo de un restaurante. Y se lo pedía no porque me incomodara la fealdad del cacharro, lo cual hubiera resultado un poco extraño pero en cierto modo distinguido, sino porque había leído en alguna parte que el cobre era venenoso, y temía levantarme sonámbula en mitad de la noche y ponerme a darle lametazos al caldero. No sé bien cómo se me pudo ocurrir semejante idea (con el agravante de que jamás he sido sonámbula), pero ya entonces hasta a mí me parecía un poco rara. Lo cual no evitó que pudiera visualizarme con toda claridad chupando el metal, y que, aterrada, durante cierto tiempo le pidiera a mi madre que *porfavorporfavor* no dejara de esconder el objeto en algún lugar recóndito, a ser posible un sitio distinto cada vez, para que me fuera imposible encontrarlo. Mi imaginación, como se ve, siempre ha galopado por su cuenta. Y mi divina madre asentía muy seria y prometía guardarlo bien guardado. Entendía a los niños de una manera mágica, y además ahora pienso que es probable que a ella le hubieran ocurrido cosas semejantes de pequeña. Porque también tenía una cabeza voladora.

Para colmo, cuando me hice adulta me enteré de que el cobre no es venenoso. O sea, no tan venenoso. Puede intoxicar, desde luego, pero en grandes y prolongadas dosis, y los primeros síntomas apenas son una diarrea y náuseas. Hubiera podido chuperretear el maldito caldero durante largo rato sin que ocurriera nada. Esto es algo que sucede muy a menudo: vas haciéndote mayor y un día de repente te enteras de que algo en lo que creíste firmemente en la infancia era una falsedad o una tontería. La vida es una constante reescritura del ayer. Una deconstrucción de la niñez.

Una de las cosas buenas que fui descubriendo con los años es que ser raro no es nada raro, contra lo que la palabra parece indicar. De hecho, lo verdaderamente raro es ser *normal*. Una investigación del Departamento de Psicología de la Universidad de Yale (Estados Unidos), publicada en 2018, afirma algo que a poco que se piense es una obviedad:

que la normalidad no existe. Porque el concepto de lo normal es una construcción estadística que se deriva de lo más frecuente. En primer lugar, que un rasgo sea menos frecuente no implica una anormalidad patológica, como, por ejemplo, ser zurdo (solo hay entre un 10 y un 17 % de zurdos en el mundo); pero es que, además, como el modelo ideal de individuo *normal* está confeccionado con la media estadística de una pluralidad de registros, no debe de haber ni una sola persona en el planeta que atine un pleno en el conjunto de valores. Todos guardamos en el fondo de nuestro corazón alguna divergencia. Todos somos rarunos, aunque, eso sí, algunos más que otros.

Yo incluso diría que ser un poco más raro de lo habitual tampoco es infrecuente. De hecho, ocurre a menudo entre los creadores, dicho sea con minúsculas; entre los artistas de todo pelo, sean buenos o malos. De eso precisamente va este libro. De la relación entre la creatividad y cierta extravagancia. De si la creación tiene algo que ver con la alucinación. O de si ser artista te hace más proclive al desequilibrio mental, como se ha sospechado desde el principio de los tiempos: «Ningún genio fue grande sin un toque de locura», decía Séneca. O Diderot: «¡Cuán parecidos son el genio y la locura!». Y por genio, insisto, hay que entender todo tipo de individuo creativo, sea de la calidad que sea, porque estoy convencida de que el peor artista y el más sublime comparten la misma estructura mental básica. Ya lo señaló la formidable (y depresiva) Clarice Lispector: «La vocación es diferente del talento. Se puede tener vocación y no tener talento. Es decir, se puede ser llamado sin saber cómo ir».

Volviendo a la abundancia de manías entre los creadores, y por mencionar a modo de aperitivo tan solo unas cuantas, diré que Kafka, además de masticar cada bocado treinta y dos veces, hacía gimnasia desnudo con la ventana abierta y un frío pelón; Sócrates llevaba siempre la misma ropa, caminaba descalzo y bailaba solo; Proust se metió un día en la cama y no volvió a salir (y lo mismo hicieron, entre muchos otros, Valle-Inclán y el uruguayo Juan Carlos Onetti); Agatha Christie escribía en la bañera; Rousseau era masoquista y exhibicionista; Freud tenía miedo a los trenes; Hitchcock, a los huevos; Napoleón, a los gatos; y la joven escritora colombiana Amalia Andrade, de quien he recogido los tres últimos ejemplos de fobias, temía en la niñez que le crecieran árboles dentro del cuerpo por haberse tragado una semilla (lo encuentro bastante parecido a lamer cobre). Rudyard Kipling solo podía escribir con tinta muy negra, hasta el punto de que el negro azulado ya le parecía «una aberración». Schiller metía manzanas echadas a perder en el cajón de su mesa, porque para escribir necesitaba oler la podredumbre. En su vejez, Isak Dinesen comía únicamente ostras y uvas blancas con algún espárrago; Stefan

Más de trescientos millones de personas sufren depresión en el planeta y lo peor es que la incidencia parece ir en aumento (el número total de los afectados subió un 18 % entre 2005 y 2015). Cerca de 800.000 personas se suicidan cada año (en España, casi 4.000). El 1 % de los humanos desarrollará alguna forma de esquizofrenia a lo largo de su vida y el 12,5 % de los problemas de salud mundiales se deben a enfermedades psíquicas, una cifra mayor que la del cáncer o las dolencias cardiovasculares. Según la Organización Mundial de la Salud, una de cada cuatro personas que hay en la Tierra padecerá en algún momento de su existencia un trastorno mental. Son cifras impactantes, pero aún son peores las que se refieren al estado psíquico de los artistas, y en especial de los escritores, que al parecer nos llevamos la palma en chifladuras. Sí, ya sé que cuando hablamos de creadores dementes todos pensamos de manera instantánea en la sanguinolenta oreja de Van Gogh, pero diversos expertos coinciden en señalar que los artistas plásticos sufren menos desequilibrios y los músicos muy pocos, mientras que quienes nos dedicamos a juntar palabras tendemos más al descalabro mental. Según un célebre estudio de la psiquiatra Nancy Andreasen, de la Universidad de Iowa (Estados Unidos), los escritores tienen hasta cuatro veces más posibilidades de sufrir un trastorno bipolar y hasta tres veces más de padecer depresiones que la gente no creativa.

Eso sí, también atribuye a los autores unas altas dosis de fogosidad, entusiasmo y energía, por paradójico que esto parezca (atención al dato: es importante y volveremos a ello). Otros investigadores, como Jamison y Schildkraut, sostienen que entre el 40 y el 50 % de los literatos y artistas creativos sufren algún trastorno de ánimo. Es como jugar a la ruleta con una bola emplomada: tienes muchas posibilidades de que te toque.

A mí ya me tocó. Formo parte de la estadística general, de ese 25 % de personas que sufrirán algún problema mental a lo largo de su vida, y también, por consiguiente, de la estadística particular de los escritores chiflados. He sufrido ataques de pánico desde los diecisiete hasta los treinta años, no todo el tiempo, por fortuna, porque hubieran sido bastante inhabilitantes, sino articulados en torno a tres periodos, cada uno de un año o año y pico de duración: el primero, como digo, a los diecisiete; otro, a los veintiuno; el último, a los veintinueve. Lo mío, en fin, no es la depresión, sino la angustia. Pero cuando dices que has sufrido crisis de angustia, la gente que no ha navegado por ese mar oscuro no entiende de lo que hablas. Creen que te refieres a estar estresada, a preocuparte demasiado por algo, a reconcomerte la cabeza. Veo cómo me miran y piensan: ah, vaya, eso también me ha sucedido a mí alguna vez. Pero no, no les ha sucedido. Un ataque de pánico es otra cosa. Es una dimensión desconocida, un viaje a otro planeta. El trastorno psíquico es un súbito e inesperado rayo que te fulmina. Su devastadora llegada tiene cierta semejanza con los accidentes domésticos graves. Imaginemos, por ejemplo, un resbalón y una caída en el baño que te quiebra la espalda: un segundo antes, tu vida era normal y vertical, indolora y secuencial, venía del pasado y se proyectaba hacia tu pequeño y próximo futuro (ducharte, vestirte e ir a trabajar, o bien lavarte los dientes y meterte en la cama), y un segundo después, sin preverlo ni pensarlo, resulta que te encuentras horizontal y rota, atónita, indefensa, lacerada por un dolor indecible, borrada de tu vida y de tu realidad por mucho tiempo, o incluso para siempre, si la lesión es importante. Pues bien, de esa misma manera se abate sobre ti la crisis mental. Parece venir de fuera y te secuestra.

La primera vez yo me encontraba a solas en el comedor de la casa familiar; debían de ser las once de la noche y estaba mirando sin mucho interés la televisión, quizá porque no tenía ganas de terminar de recoger la mesa, como era mi obligación. Mi padre debía de estar acostándose; mi madre, en la cocina; mi hermano mayor, a saber dónde. Y entonces sucedió: la habitación empezó a alejarse de mí, el mundo entero se achicó y se marchó al otro lado de un túnel negro, como si yo estuviera mirando la realidad a través de un telescopio. Y junto con la anomalía visual llegó el terror, una ola de pánico indecible, un miedo puro y duro de una intensidad que jamás había experimentado antes y que además no tenía ninguna causa aparente. «Lo peor era la sensación de terror constante sin tener ni idea de a qué tenía miedo», dice el psicólogo Andrew Solomon sobre una depresión que padeció. Yo tampoco sabía por qué estaba asustada, pero me sentía a punto de morir de espanto. El cuerpo me temblaba con violencia y los dientes castañeteaban, y para colmo unos segundos después se sumó otro miedo, este sí ya con causa: el convencimiento de estar loca. Pues de qué otra manera se podía entender lo que me estaba pasando.

Virginia Woolf sufrió su primera crisis mental a los trece años. Iba caminando por un sendero y se topó con un pequeño charco: «Por alguna razón que fui incapaz de averiguar, todo de repente fue irreal y quedé en suspenso, no podía saltar el charco [...]. El mundo entero se volvió irreal». Ese mismo día, por la noche, mientras se estaba bañando con su hermana Vanessa, sucedió de nuevo: «El horror volvió, no dije nada, no podía explicarlo, ni siquiera a Nessa, que se estaba frotando con la esponja al otro lado de la bañera». Virginia habitaba en el penoso territorio de la psicosis; en sus crisis, escuchaba a los pájaros cantar en griego clásico y creía ver agazapado entre los arbustos de su jardín al rey Eduardo diciendo marranadas; fue hospitalizada repetidas veces e intentó suicidarse en varias ocasiones, la primera tirándose por una ventana que resultó demasiado baja, luego tomando veronal y la última y definitiva, a los cincuenta y nueve años, llenándose los bolsillos de piedras y ahogándose en el río Ouse. Quiero decir que, para mi fortuna, mis trastornos mentales son infinitamente menos graves que los suyos. Y, aun así, la descripción de ese momento fundacional, del instante en que el mundo cambió para no volver a ser nunca jamás igual, de la irrupción de la negrura, es extraordinariamente parecida a lo que yo viví. La sensación de que algo te asalta desde el exterior, como si un gigante te hubiera dado una patada que te arrojara fuera de la vida; la incomprensión de lo que está pasando; la incapacidad para poner palabras a lo indecible; la pérdida de contacto con la realidad (atención a esto último: volveremos sobre ello y es esencial). Sé muy bien de lo que habla Virginia. Yo también estuve allí.

Al principio crees que no vas a regresar jamás a la normalidad, que vas a estar atrapada para siempre en esa torturada dimensión de pesadilla, pero en realidad las crisis de pánico duran unos cuantos minutos y luego se van disolviendo. No del todo, desde luego. Siempre te queda el miedo al miedo (terror absoluto a volver a caer por el agujero) y una vaga sensación de enajenación e irrealidad que se pega a ti como un sudario. En las épocas peores no te atreves a ir a reuniones sociales, a salir a la calle o a conducir por si se repite; no soportas ver la televisión o ir al cine porque la falta de fiabilidad del mundo parece incrementarse. Por supuesto, vuelves a tener otros ataques, en mi caso cada vez más espaciados, y al cabo de año o año y medio más o menos recuperas tu vida. Hasta el siguiente periodo de oscuridad. En la España de entonces, y en mi modesta clase social, ni mis padres ni yo pensamos en acudir a un psiquiatra. He superado los tres periodos de crisis de pánico a pelo, sin tomar un solo ansiolítico, cosa que lamento (¡viva la química!). Eso sí, tras mis primeros terrores decidí cursar la carrera de Psicología en la universidad para intentar entender qué me pasaba. Con el tiempo he llegado a la conclusión de que esto es lo que hacen la mayoría de los psicólogos y una buena parte de los psiquiatras: meterse en la profesión porque creen que están chiflados. Lo cual no tiene por qué ser negativo, porque aporta una empatía única con los pacientes.

Y es que, si no has estado allí, no puedes ni siquiera imaginar de lo que hablo. Mi madre, con su percepción extrasensorial, me aconsejó no tomar café, cosa que, a falta de ansiolíticos, sigue pareciéndome una medida razonable. Ensalzo su percepción porque ella intuyó lo que me pasaba sin que yo dijera nada, ya que, como ha dejado claro Virginia Woolf, cuando sufres un trastorno mental, lo primero que te es arrebatado es la palabra. Y con esto llegamos al núcleo abrasador de lo que llamamos *locura*. Estar loco es, sobre todo, estar solo. Pero estoy hablando de una soledad descomunal, de algo que no se parece en absoluto a lo que entendemos cuando decimos la palabra *soledad*. Aún no se han inventado las letras que puedan contener y describir una soledad así. Intenta imaginarlo: ya he dicho que la realidad se va al otro lado de un túnel, que es lo mismo que decir que tú te alejas de la realidad y pierdes todo contacto. De repente ya no perteneces a la raza humana; eres un alienígena, el único alienígena que conoces, desgajado de golpe de la piel del mundo. ¿Cómo vas a explicar lo que te sucede, a quién, con qué palabras, en qué lengua marciana que aún ni siquiera has aprendido? Somos animales sociales; la ruptura radical de todo nexo con los demás es sencillamente insoportable. Intenté describir esta soledad que no cabe en la palabra *soledad* en un congreso de psicólogos y psiquiatras, y algunos, muy torpes (se ve que eran de los que no se metieron en la profesión por sus chifladuras), cabeceaban muy sabihondos diciendo que sí, que bueno, que era como la soledad existencial ante la muerte. Pues no. No es eso. Obviamente aún no he atravesado esa última puerta, pero he acompañado en unos cuantos viajes. Morir forma parte de la vida. Morir es un hecho sumamente humano. Mueres solo, sí, tal vez con tu pena y tu miedo, pero mueres sabiendo que lo hacemos todos; es cumplir una vez más el destino común. Esa realidad la han experimentado todos los individuos desde el principio del mundo. Mientras que la locura, por el contrario, te hace creer equivocadamente que lo que estás viviendo solo lo has experimentado tú. Que no hay nadie con quien puedas hermanarte. Sentirte loco es sentir que de algún modo ya no perteneces a la especie humana.

En la Universidad Complutense de Madrid me enteré de que sufría crisis de pánico, y de que era un trastorno neurótico de lo más común, algo así como la gripe de los desequilibrios mentales. También descubrí que, aunque no eres consciente de ello, el miedo, en última instancia, es miedo a la muerte, pero está tan sepultado por el terror ciego que no llegas a distinguir lo que te aterroriza. Y se llega a sufrir tanto que en algunos momentos hasta preferirías estar muerto, un perfecto ejemplo de razonamiento cortocircuitado: te espanta la muerte y para no sufrir ese espanto escogerías morir. En mi caso hablo tan solo de una vaga sensación de alivio ante la mera idea de la no existencia, porque jamás tuve pensamientos suicidas reales; pero creo que en la gente que termina atentando contra su vida pueden darse unos nudos mentales parecidos. Por cierto: según un estudio sueco, los escritores tienen un 50 % más de posibilidades de suicidarse que la población general.

Los problemas psíquicos son muy variados y de muy distinta gravedad. Hay angustias, paranoias, trastornos obsesivos compulsivos, trastornos bipolares, psicosis... A mí, en esta lotería de cerebros raros («desde que soy adulto me he visto

23

como una persona un poco más neurótica de lo normal», dice Emmanuel Carrère) me ha tocado un dulce, un premio, un tesoro. Una dolencia mental leve y no incapacitante de la que en realidad estoy muy agradecida, porque me permitió conocer una parte de la existencia de una vastedad y una intensidad sobrecogedoras. Repito: si no has estado allí, en el territorio de la locura, no puedes ni imaginar lo que es. Mis ataques de pánico han sido como una excursión razonablemente segura y sin verdadero peligro al otro lado del turbulento río de la psicosis. *Take a walk on the wild side*, como decía Lou Reed, que recibió electrochoques en su adolescencia y que, cuando le entrevisté para *El País*, me contó con toda naturalidad cómo una voz que venía de los asientos traseros de su coche vacío le aconsejó un buen día que dejara las drogas. Sí, date un paseo por el lado salvaje. Yo he ido, he visto y he vuelto. He conocido y comprendido, me he hecho más empática y más sabia. Por eso puedo entender de lo que habla Virginia Woolf.

Le pasó lo mismo a la neozelandesa Janet Frame, una escritora a la que adoro, no solo por sus textos, sino por el luminoso coraje con el que vivió su durísima vida y por lo buena persona que debía de ser (basta con leer su autobiografía, *Un ángel en mi mesa*). Diagnosticada de manera errónea como esquizofrénica, Janet fue internada en un psiquiátrico desde los veintidós hasta los treinta años, primero voluntaria y luego forzosamente. Le aplicaron numerosos electrochoques e incluso estuvieron a punto de hacerle una lobotomía (más adelante contaré la fascinante manera en que se libró de que le rebanaran parte del cerebro). Pero consiguió quitarse de encima la etiqueta de psicótica y se las apañó para vivir autónoma y productivamente hasta la respetable edad de setenta y nueve años. Pues bien, Janet recordó aquellos tiempos tenebrosos con estas palabras: «Yo habitaba un territorio de soledad que se parecía al lugar en el que permanecen los moribundos mientras llega la muerte y del que, si alguno regresa vivo al mundo, trae consigo inevitablemente un punto de vista único que es una pesadilla, un tesoro y una posesión para toda la vida». Sí, incluso ella, tan maltratada, consideraba que haber visto el infierno, y haber salido, es, además de un horror, un privilegio.

Tras la muerte de mi madre en plena pandemia, no de COVID sino de vejez, encontré, revisando sus papeles, un sobre amarillento con una cuartilla dentro escrita a máquina. Era un informe médico mío de cuando yo tenía dos años y tres meses, hecho por el doctor Alonso Muñoyerro, a la sazón director del Instituto Provincial de Puericultura de Madrid y al parecer toda una eminencia (mis padres le admiraban muchísimo). En una tipografía desigual y emborronada, el informe decía: «Constitución espasmofílica (tetania latente). Antecedentes de falso crup. Mejor diría yo espasmo de glotis. Régimen de alimentación: no tomará mucha leche esta niña, si acaso por la mañana en desayuno, porque en los niños espasmofílicos acentúa su espasmofilia. No tomará café, ninguna clase de alimentos fuertes. Paracalcina en comida y cena una cucharadita pequeña».

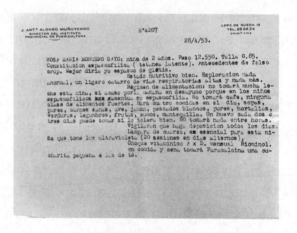

Lo de no tomar café teniendo yo dos años me dejó bisoja, pero aparqué el asunto hasta más tarde para lanzarme de inmediato a googlear los términos médicos. Y ahora viene lo bueno.

La tetania es una enfermedad que causa espasmos y contracciones y que está originada por una hipocalcemia, es decir, por un nivel bajo de calcio en la sangre. Hasta aquí, aburrido y normal. Pero un momento, que la cosa empieza a ponerse más entretenida: la tetania puede llegar a producir depresiones, alucinaciones y ansiedad. Y ahora agárrate, porque la espasmofilia, que al parecer es un término un poco anticuado, es definida por diversas páginas médicas de la siguiente manera:

«La vulnerabilidad al estrés y la inestabilidad fisiológica y psicológica son las principales características de la espasmofilia.»

«La espasmofilia es una hiperreacción al estrés.»

«El principal síntoma de la espasmofilia es un ataque de pánico asociado a una hiperventilación. También es habitual que haya dolores de cabeza y migrañas.»

Y lo que yo me pregunto ahora es: ¿cómo demonios pudo ver ese médico, que más que una eminencia debía de ser adivino, que ese botón de carne que es una niña de dos años va a sufrir ataques de pánico, gestionar el estrés de manera calamitosa y hasta tener migrañas? (he padecido terribles jaquecas hemicraneales desde los doce a los cincuenta y cinco años). ¿Y para qué me han servido los tres tratamientos psicoanalíticos que he hecho en diversas etapas de mi vida, el tiempo y el dinero, si este señor ya lo había visto todo de una sola ojeada y siendo yo un bebé? Ahora entiendo su recomendación de no tomar café como una precaución para toda mi vida (supongo que preveía una condición duradera) y de hecho resuena curiosamente en el consejo que me daría años después mi madre.

En mi época de la universidad, en los últimos años del franquismo, la vieja disputa sobre qué era lo que más influía en el ser humano, si el ambiente o la herencia, se resolvía por goleada a favor del ambiente: eran tiempos en los que la intelectualidad estaba sumamente marcada por el marxismo. Ahora nos hemos pasado en bloque al extremo contrario y todo es biología y genética. A mí no me cabe la menor duda de que, en efecto, la influencia fisiológica es tremenda, como demuestra la anécdota de la maldita espasmofilia: sin duda determinados desequilibrios hormonales, químicos, sinápticos, producen una serie de síntomas claramente diagnosticables en un bebé que pueden estar asociados a otras patologías venideras. Hasta el siglo XIX, las dolencias mentales se consideraban una enfermedad más del cuerpo; en el mundo clásico, estaban causadas por un exceso de bilis negra. La idea de que el trastorno psíquico es algo misterioso y etéreo que no tiene que ver con el resto del organismo ha imperado durante apenas un par de siglos, pero ha hecho mucho daño. «Hasta 1990 fue habitual clasificar las enfermedades psiquiátricas entre orgánicas y funcionales, como si el cuerpo y la mente fueran cosas distintas», dice el premio nobel de Medicina Eric R. Kandel. Y no, desde luego que no lo son.

Kandel también dice esto: «Al parecer, todas las alteraciones psiquiátricas surgen cuando ciertas partes de la circuitería neuronal —algunas

neuronas y los circuitos en que se encuentran—
son hiperactivas, están inactivas o son incapaces
de comunicarse de modo eficaz». Se trataría, por
lo tanto, de una especie de fallo en el cableado neu-
rológico, aunque aún no se sabe si esto puede ser
por un defecto genético, por microscópicas frac-
turas o por alteraciones en las sinapsis (la conexión
entre las neuronas). No cabe duda, pues, de que,
en lo que llamamos locura, siempre hay una base
biológica, química, eléctrica. Pero lo que complica
la cosa es que hay influencias externas que alteran
nuestra biología. Las circunstancias sociales, por
ejemplo, pueden hacernos producir demasiado
cortisol, que es la principal hormona del estrés. Si
estamos muy angustiados durante mucho tiempo,
el cortisol puede alcanzar unas concentraciones
excesivas y destruir las conexiones entre las neuronas del hipocampo, una parte del cerebro muy
importante para la memoria, y del córtex prefrontal, que regula la voluntad de vivir e influye en la
toma de decisiones. «Las carencias sociales o sen-
soriales durante los primeros años de vida dañan
la estructura del cerebro —sigue diciendo Kandel—. De manera similar, necesitamos la interac-
ción social para seguir siendo inteligentes en la
vejez.» Y el neurocientífico David Eagleman cuenta en su libro *Incógnito* que los expertos están buscando el gen relacionado con la esquizofrenia
desde hace décadas y, en efecto, han descubierto
unos cuantos. Pero varios estudios demuestran

ideas en el cerebro que comenzar la escritura en ordenador del libro ha sido más difícil para mí de lo habitual. Debo confesar que llevaba semanas procrastinando (o, para decirlo con otra preciosa palabra muy española, trasmañanando); en realidad tengo varias pilas de libros sobre el tema aún sin leer, y bien podría haber seguido estudiando y tomando notas el resto de mi vida sin pasar nunca a la acción. Textos no me faltarían, desde luego. Y tentaciones tuve.

Siempre da un poco de miedo sentarte por fin ante el ordenador y comenzar la fase de escritura formal, por así decirlo. Escribir es sin duda reescribir; haces y rehaces cien veces el mismo párrafo, y en ocasiones tiras un capítulo entero a la basura y lo vuelves a redactar con cambios importantes. Pero lo cierto es que una vez que has escrito una idea o una escena, esa imagen ya queda de algún modo atrapada por la realidad, manchada por la forma que le diste. Ya nunca volverás a ser tan libre en la búsqueda de una expresión exacta como cuando la historia todavía no había salido al mundo y se limitaba a dar vueltas en tu imaginación, virgen aún de palabras concretas. Recuerdo que en un catecismo de mi infancia decían que el alma era como una tablilla de madera fina y bien barnizada, y que los pecados eran clavos que insertabas en ella; tras la confesión y la absolución, los clavos se arrancaban, pero la tablilla se iba destrozando con tanto agujero. Yo no creo en el alma, pero sí en la volubilidad de las musas. Quiero decir que a veces estás más inspirada y a veces, menos; en ocasiones se produce una suerte de magia y te descubres escribiendo mejor de lo que sabes escribir. Pero en otros momentos es como si te hubieran tapado los ojos y anduvieras ciega, y entonces aporreas el ordenador, y le das una forma torpe a tus ideas, feos clavos que, aunque luego los quites, dejarán heridas permanentes en la tablilla.

Cuenta Jean Cocteau que experimentó una especie de iluminación con su mejor obra, *Los niños terribles*: «Las últimas páginas se inscribieron de pronto una noche, en mi cabeza [...]. Me sentía dividido entre el miedo de perderlas [si no las apuntaba] y el de tener que hacer un libro que fuera digno de ellas». A veces la cabeza escribe por sí sola de maravilla. A veces la oscuridad de tu cráneo se ilumina como en el estallido de una supernova. Ahí está toda esa energía y ese polvo de estrellas girando y danzando y emitiendo la música de las esferas, el poderoso sonido de la creación del mundo. Y tú tienes la intuición de que la obra total queda cerca, muy cerca, casi al alcance de tus dedos, ese texto esencial que te revelaría el sentido de la vida y al que por desgracia jamás llegarás. Cuanto más te gusta la idea de lo que vas a escribir, más miedo te da no estar a la altura de tu musa. Merodea siempre la obra, como también merodea la locura. La cuestión es saber quién termina ganando.

SOY MULTITUD

Llevo toda la vida intentando entender por qué escribimos los que escribimos, y a lo largo de los años me he ido haciendo con una pequeña colección de hipótesis que no se contradicen, sino que pueden sumarse. Una de las razones, que funciona con los novelistas y los dramaturgos y sin duda también, dentro de otra rama creativa, con actrices y actores, es la posibilidad de que seamos personas más disociadas que la media, o al menos más conscientes de nuestra disociación. «Creo que la mayoría de los novelistas a veces tienen la conciencia de que contienen multitudes [...]. No suscriben el sentido común en materia de qué cosa es el yo —dijo la maravillosa Ursula K. Le Guin; y añadía—: En casi todas las personas, los desdoblamientos de esa clase pueden indicar cierta locura [...] pero los escritores de los que vengo hablando eran gente muy eficiente en sus dos encarnaciones, la de carne y la de papel.» Algo parecido viene a decir el colombiano Héctor Abad: «Mi fantasía es que vivo dos vidas: esta que estoy viviendo, la caliente, y otra que me voy imaginando, que no es pasado ni futuro, sino un presente distinto. La vida que escribo».

Cuando Robert Louis Stevenson publicó en 1886 su novela *El extraño caso del doctor Jekyll y el señor Hyde*, sacó a la luz algo que los humanos habíamos sabido muchos siglos antes, pero que habíamos olvidado. Algo que no podíamos reconocer porque no teníamos palabras para nombrarlo: que dentro de nosotros éramos muchos. Stevenson nos prestó esas palabras y con él empezó a derrumbarse la fiabilidad del yo y de la realidad, esa construcción imaginaria, ese pétreo espejismo de certidumbre que imperaba en el siglo XIX. Esto nos dijo el doctor Jekyll: «Yo me aventuro a conjeturar que, a la postre, se sabrá que el hombre es una mera sociedad de múltiples habitantes incongruentes e independientes entre sí». Hoy, casi ciento cincuenta años después de esa premonición, la idea de que nos habitan diversos yoes es algo bastante aceptado, hasta el punto de que incluso hay anuncios en televisión que juegan con ese concepto, como uno que vi de una marca de gafas que recomendaba usar varias monturas al día, dependiendo de si eras el yo profesional de la oficina, el yo deportista, el yo padre juvenil, el yo amante fogoso. Aun así, creo que la intuición de este barullo íntimo es bastante superficial en la mayoría de las personas, y que los novelistas (y otros especímenes) vivimos la disociación de una manera mucho más extrema, asumiendo, como decía Jekyll, toda la incongruencia interior.

Hay una frase de Henri Michaux que me encanta: «El yo es un movimiento en el gentío». Muy cierto; en el gentío que nos habita, el yo es un garabato fugaz, una estela de humo que va mudando de forma constantemente. Que los novelistas experimentamos esa pluralidad y esa falta de firmeza en el ser de una manera más álgida que la media parece algo fuera de toda duda, tanto por las muchas manifestaciones de los autores al respecto como por el amor que los literatos solemos mostrar por los heterónimos, los seudónimos, los impostores, los falsificadores y los juegos especulares en torno a la dualidad. Mi cuento preferido de la historia de la literatura es *Wakefield*, de Nathaniel Hawthorne (1804-1864). En él, un respetable burgués londinense se marcha una tarde de su casa en un viaje de trabajo de dos días y en vez de regresar alquila un piso casi enfrente de su domicilio y se queda ahí agazapado, contemplando el hueco que ha dejado su ausencia: las lágrimas de la mujer, la consternación general, la reacción de los amigos... Pasa veinte años fuera de sí, y nunca mejor dicho, hasta que un día regresa al hogar como si nada y retoma la feliz convivencia con su esposa hasta la muerte. ¿Quién no ha deseado alguna vez escapar del encierro de la propia vida? Y no porque esa vida no nos guste, sino porque una sola existencia, por muy grande y muy buena que sea, siempre será una especie de cárcel, una mutilación de las otras posibles realidades, de los otros individuos que pudimos ser. ¿Quién no ha deseado alguna vez ser otro? Contenerse dentro de una sola identidad resulta empobrecedor. Cuando el yo es algo que aletea dentro de ti, la construcción del ser es una tarea dificultosa. A Hawthorne probablemente le ocurrió algo así. Huérfano de padre a los cuatro años, siendo muy joven sufrió un accidente del que tardó en curar, y después, tras una infeliz etapa en la universidad, regresó a la casa familiar y se sepultó allí durante casi doce años, sin salir jamás, cuidado por su madre: «Me he convertido en prisionero de mí mismo, me he encerrado en una mazmorra y ahora no encuentro la llave para ponerme en libertad, y si la puerta estuviera abierta, casi tendría miedo de salir. Durante los últimos diez años no he vivido, sino solo soñado que vivía», le escribió a un amigo. Habitaba fuera de su propia existencia, como su personaje Wakefield. Debía de ser una de esas personas a las que no resulta nada fácil el simple hecho de vivir. A él también lo merodeaba la locura.

Por eso, porque los demás son una tentación, es por lo que a mí no me gusta escribir novelas autobiográficas. Lo maravilloso es sentirte dentro de individuos diferentes a ti. La ficción es un viaje

que se rige por la liturgia previa al Concilio Vaticano II. Y supongo que ahí sigue. Luego está el libro de Javier Cercas, titulado precisamente *El impostor*; en él cuenta la vida del español Enric Marco Batlle, que se hizo pasar por superviviente de los campos nazis y llegó a ser presidente de la institución Amical de Mauthausen en España. Todo era mentira. Ignacio Martínez de Pisón escribió *Filek*, un libro sobre un tipo que no es exactamente un impostor, porque usaba su verdadero nombre, Albert von Filek, pero sí un estafador que se hacía pasar por quien no era, a saber, por el inventor de un fabuloso combustible sintético, por supuesto inexistente, que logró vender a Franco. Incluso Bram Stoker, el autor de *Drácula*, publicó un libro, *Famosos impostores*, que ha sido reeditado hace poco en España y que trata de diversos fingidores a lo largo de la historia. Y si googleas «novelas de impostores», te caerán encima varios títulos más o menos recientes: del colombiano Santiago Gamboa, del *best seller* Robin Cook, de la española Pilar Romera... No es de extrañar que a los escritores, con nuestra identidad líquida y mudable, nos fascinen las personas que se hacen pasar por otras. De hecho, Mario Vargas Llosa escribió uno de sus artículos en *El País* hablando de Enric Marco Batlle, el falso prisionero de los campos de exterminio, y se le notaba tanto el embeleso que la historia le producía que recibió un montón de cartas muy críticas acusándole de no tener en cuenta el dolor que Batlle había causado a las verdaderas víctimas. De acuerdo, muy cierto, pero, la verdad, entiendo a Vargas Llosa.

Uno de los casos de impostura literaria más polémicos de las últimas décadas es el de JT LeRoy, un joven chapero, drogadicto e hijo de prostituta, que en 1999 escribió *Sarah*, una novela autobiográfica que le hizo instantáneamente célebre entre la intelectualidad estadounidense: todos los famosos y aspirantes a famosos querían hacerse fotos con él. Hasta que en 2005, después de que publicara otras dos novelas y se hiciera muchísimos retratos más en glamurosas fiestas de madrugada, el *New York Magazine* demostró que en realidad los libros estaban escritos por una tal Laura Albert (Nueva York, 1965), y que el personaje que circulaba por los garitos nocturnos haciéndose pasar por el supuesto chapero era Savannah Knoop, la cuñada de Laura, a quien ella disfrazó de chico. Eso sí, Laura siempre le acompañaba en sus correrías, en calidad de mejor amiga. Por cierto que, si bien la biografía del inexistente LeRoy era inventada, la real de Laura Albert era aún más truculenta: sufrió abusos sexuales desde los tres años de edad, su madre la internó en un psiquiátrico a los catorce, trabajó de operadora de líneas calientes y vivió entre yonquis. Pese a todo esto, la gente llevó muy mal lo de haber sido engañada. Su editor la abandonó y en 2007 Laura fue condenada a pagar más de cien mil dólares por fraude a la productora que iba a hacer una película de su libro. En el juicio dijo: «JT LeRoy era mi bombona de oxígeno, si me lo quitan me muero». A mí me parece bastante conmovedor. Laura Albert llegó a pesar 145 kilos, pero ahora se la puede ver en las redes mucho más delgada y con unos implantes de pómulos descomunales (el gusto por lo ficticio, que no cesa). Tiene una web en la que vende huesos de penes de mapache, firmados por ella, al excelente precio de veinte dólares con noventa y cinco céntimos. Basta con poner Penis Bones - Laura Albert en internet para encontrar esta ganga.

Pero mi impostor preferido, por lo absurdo y grotesco, es aquel magnífico traductor de la lengua de signos que pudimos ver todos en el funeral de Estado de Nelson Mandela, el mítico líder sudafricano, el 10 de diciembre de 2013. La ceremonia se celebró en Soweto con presencia de Obama, Sarkozy, Kofi Annan, Bill y Hillary Clinton, David Cameron... Es decir, la flor y nata de los presidentes y expresidentes mundiales y de la ONU. Durante horas, un señor negro muy serio y perfectamente trajeado llamado Thamsanqa Dyantyi estuvo traduciendo al lenguaje de signos las palabras de los mandamases, y su imagen se vio en todo el planeta: Obama hablando y detrás Thamsanqa haciendo pases mágicos con sus manos; Sarkozy perorando y detrás Thamsanqa con un elegante revoloteo de dedos, todo con la conveniente pompa y circunstancia de un funeral semejante. La ceremonia salió muy bien, salvo el pequeño detalle de que el señor Dyantyi no tenía ni idea del lenguaje de signos y estaba haciendo cualquier clase de ademán sin sentido. La Federación de Sordos de Sudáfrica alertó inmediatamente a las autoridades de la majadería, pero los responsables del funeral no tuvieron cintura suficiente, creyeron que era una versión local del lenguaje de signos o que el hombre no entendía bien el inglés, y no le hicieron abandonar ese primer plano de gloria e infamia mundiales. Tras la pifia, Dyantyi dijo que todo había sido fruto de una alucinación. Estaba siendo investigado por homicidio y ya lo habían denunciado con anterioridad otras federaciones de sordos (se ve que lo del lenguaje de signos era para él una obsesión). Recuerdo ahora las imágenes del sobrio y solemne acto y aún se me saltan las lágrimas. Creo que a Mandela le hubiera divertido.

Bastante menos chistoso, e incluso algo amedrentante, fue la extraña historia que me sucedió en noviembre de 1979. Publiqué una versión novelada de lo ocurrido en *La hija del caníbal*, pero ahora lo voy a contar tal como pasó. Yo tenía veintiocho años; había sacado en mayo mi primer libro, *Crónica del desamor*, y el fulminante éxito del diario *El País*, en el que colaboraba, había hecho que mi nombre se hiciera bastante conocido en muy poco tiempo. Vivía sola en Madrid, en un piso alquilado cerca del río Manzanares; tenía un contestador, un aparato que (sé que va a sonar coetáneo de la pintura rupestre) se conectaba al teléfono fijo, puesto que los móviles no existían, y, como su nombre indica, contestaba cuando tú no estabas en casa, permitiendo que te grabaran un mensaje. Yo llevaba un par de meses recibiendo llamadas inquietantes; al descolgar solo escuchaba una leve respiración y ese silencio húmedo y pegajoso de quien está mordiendo las palabras. También el contestador empezó a llenarse de mensajes vacíos: alguien dejaba pasar el tiempo sin decir nada. De pronto, ya en noviembre, la cosa empeoró. Tras unos segundos en blanco de la cinta, una voz de mujer dijo claramente: «Puta». Hubo dos o tres grabaciones más, todas insultantes. «Cabrona, mira que eres mala, eres lo peor.» Eran los años de la Transición y por entonces se pasaba muchísimo miedo. Trece meses antes, una bomba enviada a *El País* por la extrema derecha había matado a Andrés Fraguas, un conserje de diecinueve años, y herido gravemente a dos empleados más. Yo recibía, como muchísima otra gente, anónimos amenazadores. Fue un tiempo de luz y de muchas sombras, así que no se puede decir que esos mensajes me hicieran mucha gracia. Pero, por otra parte, la voz de la mujer parecía tan joven, y los insultos tan poco elaborados, que creo que no llegué a sentirme de verdad en peligro.

Un día regresaba a casa después de cenar, serían como las doce de la noche, y al abrir la puerta escuché que alguien estaba grabando un mensaje.

Era mi insultadora, que cada vez estaba más locuaz: «Hipócrita, que eres una hipócrita... que vas de santita y luego te dedicas a robar hombres... Qué vergüenza...». Sus palabras me dejaron tan atónita que corrí hasta el aparato y descolgué:

—¡Hola! ¿Hola? ¿Quién está ahí?

De nuevo el silencio al otro lado de la línea, pero esta vez se escuchaban roces, pequeños ruiditos, el desorden que provoca el desconcierto. Y al fin:

—Soy yo...

Esa voz tan joven, retadora y temblorosa al mismo tiempo.

—¿Y quién eres tú?

—Soy... soy la mujer de Constantino —dijo, llenándose la boca con el nombre.

¿Qué Constantino?, pensé yo. Siempre he tenido una memoria horrible, y aún peor para los nombres propios.

—¿Qué Constantino?

La escuché casi rugir al otro lado de la línea:

—¡Pero qué... cobarde, pero qué... hipócrita, eres lo peor de lo peor, ahora intenta fingir que no le conoces, lo persigues, te acuestas con él y lo vuelves loco y ahora dices que no le conoces, ja!

Entonces tuve un momento de estupor (apunta también la palabra *estupor*: hablaré más adelante sobre ello), que es como el estadio previo a la irrealidad. Me dije: ¿le conozco? ¿Es posible que me haya acostado con un Constantino? ¿Y que no supiera que tenía una mujer medio chiflada? Había entrado corriendo en la sala para coger la llamada y ni siquiera me había detenido a encender la lámpara, de manera que ahora estaba en la penumbra, sin más luz que la que llegaba del vestíbulo. Durante un segundo me pareció no reconocer mi propia casa; las sombras deformaban los perfiles de los muebles y de pronto no tenía clara la disposición de la sala, de la misma manera que quizá no tenía claro si me había acostado o no con el maldito Constantino. Por todos los santos, eran los años setenta y ya conoces el dicho: si te acuerdas de los setenta es que no los viviste. Bueno, pues yo puedo decir que sí los viví. Me aferré con desesperación al nombre: por fortuna, Constantino no era muy habitual. Habría sido mucho peor si me hubiera dicho Pedro, o Pablo, o Juan.

—Te digo que no conozco a ningún Constantino —insistí, intentando sonar más convencida de lo que me sentía—. ¿Tú estás segura de no haberte equivocado? ¿Con quién quieres hablar? ¿Con quién crees que estás hablando?

Mis preguntas fueron un torpedo bajo su línea de flotación, pude percibirlo; cuando respondió, en su voz vibraba cierta duda:

—Con Rosa Montero... la escritora... la periodista de *El País*...

No tenía más remedio que admitirlo:

—Pues sí, soy yo.

—¡Claro que eres tú! —chilló la chica, recuperando de nuevo el impulso de su furia—: ¡Cómo te atreves a decir que no le conoces! ¡Le he visto hablar contigo por teléfono un montón de veces! ¡He leído tus cartas! ¡Me ha enseñado la sortija que le has regalado!

Ah, no. Eso sí que no. Yo no le había escrito cartas a nadie, y de lo que desde luego estaba segura era de que no le había regalado una sortija a ningún hombre. Porque me espantaban los hombres con sortijas. La realidad se aposentó plenamente y los muebles de mi sala volvieron a ser mis muebles. ¡Qué alivio! Pero la alegría apenas duró unos segundos, porque de inmediato me horrorizó que hubiera alguien por ahí inventándose una Rosa Montero.

—¡Te aseguro que no soy yo! Escúchame, me preocupa mucho lo que dices, y me preocupa por ti, porque te juro que no conozco a ese Constantino ni le he llamado jamás, ¿a que no has oído nunca mi voz al otro lado del hilo? Y las cartas son facilísimas de falsificar, y lo de la sortija lo mismo, ¡nunca le he regalado una sortija a nadie! Créeme, te lo ruego.

Yo debía de sonar desesperada, porque realmente me sentía desesperada por mostrarle la verdad en su desnudo esplendor.

—Bueno, sí que hubo un día que le arranqué el teléfono de las manos y ya habías colgado... Pero no puede ser, ¡no puede ser que todo sea mentira! —dijo ella, compungida—. Además, ¡conoce tu casa! ¿A que tienes una mesa redonda con un pañuelo indio encima y una mecedora de rejilla y un sofá rojo?

De nuevo la pesadilla de los muebles. Era cierto que había una mesa con un pañuelo indio y una mecedora de rejilla que había rescatado de la basura. Miré el bulto de esas piezas entre las sombras y vibraron un poco. Pero no tenía un sofá rojo; de hecho, no tenía sofá, sino un rincón lleno de cojines (yo era hippy). Esa equivocación me animó muchísimo.

—Mira, lo de la mesa y la mecedora es verdad, pero no tengo ningún sofá y es posible que haya visto los muebles en una foto, cuando saqué mi novela me hicieron bastantes entrevistas. Esto es grave, es grave y me preocupa, por mí y sobre todo por ti. Vamos a verle ahora mismo. Hagamos un careo y aclaremos las cosas, ¿dónde está él ahora?

Todavía me costó algún forcejeo, pero la verdad debía de estar amaneciendo en la cabeza de mi interlocutora, sin duda una serie de pequeños indicios estaban encajando los unos con los otros hasta cambiar por completo su visión de las cosas, porque cada vez parecía más convencida. Me dijo que Constantino trabajaba en el servicio de documentación de un periódico y salía como a la una de la madrugada. Ella podía ir a buscarlo al diario y convencerlo de tomar una copa en un bar cercano. Y ahí era cuando aparecería yo.

Colgué emborrachada de adrenalina. Eran las

doce y cuarenta minutos de la noche y no tenía ni un instante que perder. Y entonces me di cuenta de un pequeño detalle: ese día era veinte de noviembre, es decir, había sido. Cuarto aniversario de la muerte de Franco. En los primeros años tras el fallecimiento del dictador, los veinte de noviembre eran fechas difíciles, con la extrema derecha manifestándose y ondeando banderas y chillando y armando barullo por las calles. Daban miedo esos días. Entonces pensé: ¿Y si todo es mentira? ¿Y si me están atrayendo a una trampa? Pero ya no podía parar, era incapaz de detenerme, el impulso de acabar con esa Rosa Montero fantasmal era demasiado fuerte, era una necesidad casi de vida o muerte. Pienso en ello ahora y me doy cuenta de que hace falta estar bastante chalada para actuar de ese modo. Supongo que por entonces yo soportaba ya demasiado tumulto interior como para aguantar esa otra identidad descontrolada.

Así que lo que hice fue llamar a mi buena y muy sufrida amiga Olga Couso, que vivía en el piso debajo del mío. Estaba en la cama, pero la levanté y le pedí, tras una explicación somera, que por favor me acompañara, y la pobre Olga lo hizo (nunca se lo podré agradecer lo suficiente, esa y otras locuras). También llamé a *El País* y, tras resumirle el asunto a la compañera de la centralita, le dije que, si no volvía a telefonear antes de las dos de la mañana, avisara a la policía. Hecho lo cual, Olga y yo nos subimos en mi *dos caballos* y nos fuimos a la calle Pez, en el centro antiguo de Madrid, que era donde estaba el bar en el que habíamos quedado.

Cuando logré aparcar y llegamos al pequeño local, era ya la una y media de la madrugada y estaban cerrando. Un tipo malencarado y antipático se negó a dejarnos pasar, de modo que Olga y yo nos quedamos desconcertadas y sin saber qué hacer en mitad de la acera. Todo parecía cerrado, el mundo estaba apagado y la calle vacía. Era una zona oscura de la ciudad y por entonces bastante pobre, sucia y cutre. Entonces la vi aparecer por una esquina y venir apresurada hacia nosotras. Muy joven, veintidós o veintitrés años, y de una belleza deslumbrante. No muy alta pero atlética, trigueña, con una rizada melena de leona; los ojos como ventanas en su cara, profundos, luminosos (en la oscuridad me parecieron grises), y los rasgos carnosos y perfectos de una diosa griega.

—¡Rápido! Ha sospechado algo y ha salido corriendo. Va hacia casa. Si nos damos prisa podemos cogerlo —soltó en un solo golpe de aire.

Y, dando media vuelta, salió disparada por la calle oscura. Y yo detrás de ella. Y Olga detrás de mí.

Lo recuerdo como una escena de pesadilla, nuestros pasos repiqueteando en el silencio de la noche, la silueta de la chica por delante, vestida con vaqueros y una cazadora con remaches fea y barata; las sombras horadadas de cuando en cuando por la pálida luz de las farolas; las vueltas que dimos, las esquinas que doblamos sin cruzarnos con nadie; el atajo que tomamos a través de un viejo pasaje comercial que de día debía de ser deprimente y horrible, pero que a esas horas y con todos los ruinosos locales cerrados resultaba simplemente aterrador. Ahí fue cuando me dije: Nos van a matar. Nos van a matar. Pero seguí trotando.

La chica era muy rápida y se distanció. Cuando salimos de la galería la vi a unas cuantas decenas de metros, hablando con un hombre. Él estaba recostado en la pared, como si no pudiera mantenerse de pie sin apoyo, y tenía la cabeza gacha; ella se inclinaba hacia él y parecía decirle algo amigablemente pero con insistencia. Dejamos de correr y nos acercamos caminando; cuando llegamos a su lado, el tipo alzó la cara y me miró. Debía de tener unos treinta años; era enclenque, bajito, sin mentón y muy feo. El cabello le raleaba, augurando calvicie; cuatro pelos mal dispuestos se esparcían a modo de barba por sus mejillas de roedor. Pero lo más impresionante eran sus ojos; llevaba unas gafas de pesada montura negra y cristal de astigmático que agrandaban sus ojos como si estuvieran dentro de una pecera. No he visto una mirada más desconsolada, más rota, más vencida. Mi ira se disolvió como el humo en el viento.

—Bueno... Bueno, ya está, no pasa nada. Pero esto te lo tienes que mirar, eh... —farfullé, desarmada—. Tienes que buscar ayuda porque esto que has hecho es muy preocupante... No se pueden hacer cosas así...

La chica decía sí, sí, sí. Con dulzura. Como quien calma a un niño asustado. Él no abrió la boca. Solo me miraba con sus enormes ojos-peces, tan perdidos dentro de los cristales. Pese al repugnante comportamiento del tipo (era evidente que no creía merecer el amor de esa belleza y por eso la torturaba con los celos), no pude evitar tenerle pena. Les deseé suerte y nos apresuramos a marcharnos, con la turbadora sensación de quien ha visto a un extraño en una situación tan íntima que hubiera preferido no haber sido testigo. Camino del coche caí en la cuenta de que eran las dos de la mañana; buscamos con afán una cabina y por fin logré llamar a *El País* a las dos y diez. La encargada del teléfono (creo recordar que era la gran Encarnita) estaba con un ataque de nervios y a punto de avisar a la policía. Regresamos a casa, en fin, tan agotadas como si hubiéramos corrido media maratón, pero tranquilas, pensando que todo había acabado.

No podía ni imaginar que, por el contrario, aquello era el comienzo.

Muchos años después supe el nombre de aquella diosa. Se llamaba Bárbara.

LOS ENTOMÓLOGOS NO LLORAN

En 1997 entrevisté a Doris Lessing para el diario *El País* en su casita de Londres. Fue un encuentro bastante inusual en muchos sentidos y hay algo que nunca conté de aquella entrevista que voy a relatar en este libro, pero eso lo haré más adelante. Por ahora tan solo quiero citar algo que me dijo: «[Tuve] una infancia muy tensa, y creo que la mayoría de los escritores han tenido una infancia así, aunque esto no quiere decir necesariamente que tenga que ser muy desgraciada, sino que me refiero a ese tipo de niñez que te hace ser muy consciente, desde muy temprano, de lo que estás viviendo, que es lo que me sucedió a mí. Creo que la gente bloquea a menudo el recuerdo de sus infancias porque les resulta un recuerdo intolerable». Pues bien, precisamente una de las hipótesis que he ido desarrollando durante décadas para intentar explicarme por qué escribimos está relacionada con los traumas sufridos en la infancia. Fue algo que descubrí gracias a mi afición a leer biografías, autobiografías y diarios, sobre todo de personajes relacionados con la creatividad.

Hay dos afirmaciones opuestas que sin embargo son igualmente válidas, porque la vida es contradictoria y paradójica, y esas afirmaciones son:

Verdad número uno: Todos somos iguales.

Verdad número dos: Todos somos diferentes.

A mí me fascina explorar ambos extremos: la semejanza que todos compartimos, la peculiaridad que cada uno alimenta. Por eso me gustan las biografías, porque, en primer lugar, son cartas de navegación de la existencia en donde puedes aprender cómo otras personas han manejado los mismos retos que tú debes enfrentar: aquí, los bajíos del envejecimiento; allá, los arrecifes de la muerte y el duelo; en lontananza, el hermoso mar abierto y soleado. Y además, porque a través de ellas también es posible enterarse de peripecias únicas (todos somos diferentes): encuentros con sirenas, tesoros sumergidos, avistamientos del pavoroso Kraken.

Después de leer muchos textos biográficos y de conversar innumerables horas con colegas escritores, advertí hace ya años la existencia de una pauta que se repite una y otra vez: la gran mayoría de los narradores han tenido una experiencia muy temprana de decadencia y pérdida (yo también, pero me la callo). Digamos que, siendo aún pequeños,

pérdida de la niñez. Una niñez que, por cierto, me parece que luego se magnifica en el recuerdo, a modo de paraíso irrecuperable. No es de extrañar que, tras haber tenido un desencuentro tan temprano con la vida, y habiendo aprendido desde niños lo que el tiempo te puede hacer y deshacer, la inmensa mayoría de los narradores seamos también personas más obsesionadas que la media por el paso del tiempo y por la muerte. Por el inexorable fin de todas las dulzuras. Del dolor de perder nace la obra, dice el psiquiatra Philippe Brenot. Aunque, bueno, no dice exactamente eso. La frase, que llevo décadas adjudicando a Brenot, en realidad es mía. Lo he descubierto ahora, al releer su precioso ensayo *El genio y la locura*. El autor explica que, en efecto, la gestación de la obra tiene su origen en un sentimiento de pérdida, pero esa concreta síntesis verbal, del-dolor-de-perder-nace-la-obra, la hice yo: encontré las palabras escritas por mí en el margen del libro. Es extraordinario cómo funciona la cabeza, cómo los conocimientos circulan, se mezclan y se acoplan. A veces adjudicas a otros frases que son tuyas, y por otro lado estoy convencida de que me he apropiado de frases ajenas creyéndolas propias y sin darme cuenta de que las robaba. La cultura es un palimpsesto y a menudo un pantano, y más de una vez me he descubierto inventando muy emocionada la gaseosa.

Pero me he ido por las ramas. Volvamos a las infancias malogradas, porque creo que tienen una relevancia fundamental en el acto creativo. Es lo mismo que opina la psicóloga Lola López Mondéjar, en cuyo libro *Literatura y psicoanálisis* he encontrado esta frase que podría haber dicho yo: «La salida creativa tiene su origen en un encuentro precoz con lo traumático». ¡Bingo! A partir de aquí, López Mondéjar desarrolla el tema de una manera muy interesante. Explica que la disociación es, como de todos es sabido, una de las principales defensas frente al trauma, de modo que en el niño que sufre se produce una división de la subjetividad entre una parte lacerada o destruida y otra parte que cuida del herido. Y cita al respecto estas dos ideas magníficas del médico húngaro Sándor Ferenczi, uno de los padres del psicoanálisis: la primera, que frente al dolor, el niño crea un yo cuidador «que sabe todo, pero no siente nada»; y la segunda, que ese niño traumatizado, «para defenderse del peligro que representan los adultos sin control, tiene que identificarse con ellos». O, lo que es lo mismo, y estas son palabras mías: deja de ser niño. Es «ese tipo de niñez que te hace ser muy consciente, desde muy temprano, de lo que estás viviendo», como decía Lessing. En la preciosa *Trilogía de Copenhague* de la escritora danesa Tove Ditlevsen (1917-1976), que reúne sus tres libros autobiográficos, hay un párrafo conmovedor sobre todo esto: «La infancia es larga y estrecha como un ataúd y no se puede escapar de ella sin ayuda [...]. Nadie escapa de la infancia, que se te adhiere como

novela *Bella y oscura*, en donde una liliputiense perfecta tiene un papel muy relevante. Ya conté todo esto hace veinte años en otro libro, pero lo repito porque viene muy al hilo de lo que dicen Mondéjar y Ferenczi. Con *Bella y oscura*, pues, me di cuenta de que mis novelas estaban llenas de enanos, y de que además eran personajes positivos, algo mágicos, que sabían cosas que los demás ignoraban. Esa abundancia de seres pequeños en mi obra era sin lugar a dudas sorprendente, porque nunca me había relacionado con ninguno de ellos. Ni en la familia ni en el colegio ni en el vecindario: jamás había tenido un enano cerca. Tras el descubrimiento supuse que no volvería a haber liliputienses en mis libros, porque esos son juegos a los que el inconsciente juega cuando nadie lo mira. Así que, sin más dilación, me puse a imaginar, desarrollar y escribir mi siguiente novela, *La hija del caníbal*, durante los tres años posteriores. Publiqué el libro, empecé a hacer la promoción y, cuando llevaba un par de meses repitiendo más o menos la misma cantinela a los periodistas, de golpe advertí que lo había vuelto a hacer. La protagonista de *La hija del caníbal*, Lucía, es una mentirosa compulsiva. En el tercer capítulo lo admite ella misma. Más o menos dice: Debo confesar que miento mucho; por ejemplo, antes he dicho que tengo los ojos grises y no es verdad, los tengo de un color marrón de lo más vulgar; he dicho que soy guapa, y lo cierto es que soy del montón; y he dicho

porque la madre no tenía leche para los dos bebés (imagina la sensación de culpa). Van Gogh no solo había tenido un hermano que nació muerto un año antes de que él viniera al mundo, sino que además recibió el nombre del finado, y esto es exactamente lo mismo que le sucedió a Dalí. Igual que Camille Claudel, estupenda escultora aplastada bajo la fama de su amante, Auguste Rodin, y que terminó abandonada por su familia y encerrada en un psiquiátrico los últimos treinta años de su vida: ella también nació para sustituir a un hermano fallecido. El fantasma que acarreaba el filósofo Louis Althusser era especialmente complejo: llevaba el nombre de un tío paterno suyo que resulta que había sido novio de su madre. El tío murió en combate en la Primera Guerra Mundial, y el hermano se ofreció a casarse con la novia-viuda. Louis Althusser era, pues, el nombre de un héroe, y él tuvo que encarnarse dentro de esa memoria, como un altar viviente del difunto. Y luego está la genial historia de Mark Twain, que un día contó en una entrevista que había tenido un hermano gemelo, Bill, con quien guardaba un parecido tan enorme que nadie podía distinguirlos, de modo que les ataban cordoncillos de colores en las muñecas para saber quién era cada cual. Pero un día los dejaron solos en la bañera y el hermano se ahogó; y, como los cordones se habían desatado, «nunca se supo quién de los dos había muerto, si Bill o yo», explicó Twain con placidez al reportero.

La historia salió publicada y se reprodujo varias veces, pero por supuesto era inventada: ese gemelo no existió. Aunque es una maravillosa metáfora sobre la disociación del escritor y creo que decía mucho sobre el propio Mark Twain, un autor cuyo nombre, por cierto, es un seudónimo (lo cual ya evidencia cierta predisposición a la dualidad). En fin, deliciosa anécdota de Twain aparte, yo diría que el peso de los muertos familiares tiende a ser demasiado dañino.

Retomando la formidable frase de Ferenczi, reconozco que, en efecto, hay una parte de mí que lo sabe todo y que no siente nada. Bueno, decir que no siente nada no es por completo exacto: sí que siente cierta simpatía y entendimiento hacia la otra parte que sufre, pero desde un lugar impávido y olímpico, como el entomólogo que analiza a un coleóptero con ojo desapasionado aunque compasivo. Porque ¿qué entomólogo no ama a su especie favorita de escarabajo? Se ha pasado toda la vida escudriñando la forma precisa de sus élitros. Pero ¡es una criatura tan pequeña! Su dolor, el dolor del coleóptero, no tiene dimensión suficiente para afectar al científico. Pues bien: los novelistas somos al mismo tiempo insectos pataleantes y estudiosos que observan el pataleo. Por ejemplo: haces el ridículo en una historia amorosa y te sientes fatal, y la observadora enseguida analiza las tonterías que has hecho, que son las mismas tonterías que muchos otros hacen, y hasta se parte de risa al constatar lo pequeños y ridículos que somos los humanos. El mero hecho de intentar entender cómo nos comportamos todos ya es un bien que consuela y protege; pero si además con eso puedes escribir algo, si consigues convertir el dolor en algo creativo, entonces acaricias la sensación de ser invulnerable.

En *Hemingway contra Fitzgerald*, de Scott Donaldson, el autor habla de la catastrófica vida del pobre Fitzgerald. De su perseverante labor de autodestrucción. Su mujer, Zelda, se perdió en la esquizofrenia, y él bebió hasta matarse: «El 50 % de los amigos y familiares le dirían que mi afición a la bebida llevó a Zelda a la locura. El otro 50 %, que fue su locura la que me llevó a mí a la bebida. Nadie tendría toda la razón», escribió en una carta a un médico. Terminó hundiendo su carrera literaria, perdiendo a sus editores y sus lectores, sin dinero, degradándose de la manera más atroz: tomaba la sopa con tenedor, se cortaba la corbata, metía su coche en la piscina. Donaldson dice en un momento dado que Scott utilizaba sus propias humillaciones como material para sus relatos. Y comenta: «Debió de costarle escribir semejantes confesiones. Hasta resulta penoso leerlas». Desde mi punto de vista, eso es no entender absolutamente nada de cómo funciona la mente del escritor. Yo creo que para Fitzgerald era un alivio hacerlo; que justamente escribía sobre todo eso para poder soportarlo. Era el entomólogo que mira y analiza. Un intento de transformar el horror en algo valioso. «Tal vez un día llegaré a casa a rastras, abatida, derrotada, pero no mientras mi corazón pueda crear relatos y mi dolor, belleza», escribió Sylvia Plath, lo cual (esta es la mala noticia) no evitó que se suicidara a los treinta años. En cualquier caso, como dice el psicoanalista Didier Anzieu, «crear es no llorar más lo perdido que se sabe irrecuperable». Estos entomólogos no lloran. Al contrario, yo diría que se ríen bastante.

ESTUPOR E IMPOSTURA

Desde que, leyendo al premio nobel Eric Kandel, he sabido que en todas las alteraciones psiquiátricas hay un problema en el cableado, de modo que las sinapsis no se comunican de forma adecuada, entiendo mucho mejor el funcionamiento de mi cerebro. Y así, ahora, cuando me asalta un estupor, casi me parece estar viendo una de esas simulaciones de las series *CSI* o *House*, en las que la pantalla del televisor se llena de circuitos neurales e inputs luminosos que de repente chocan o se pierden. Ya sabes, todo ese alboroto eléctrico que tenemos por ahí arriba.

He comenzado este libro explicando que siempre supe que algo funcionaba mal dentro de mi cabeza, y a decir verdad no hacía falta ser un lince para darse cuenta. En primer lugar, por el inmenso despiste. Supongo, aunque nadie lo diagnosticó (afortunadamente), que tengo un problema de falta de atención, lo cual, contra lo que muchos creen, no quiere decir que no puedas concentrarte, sino que te concentras tanto en algunos pensamientos que te olvidas de todo lo demás. Miope como soy, me he pasado media vida buscando mis gafas, y la mayor parte de las veces las encuentro dentro de la nevera (las llevo en la mano, abro el refrigerador para sacar agua, dejo las gafas para coger la botella y me voy sin haber registrado de forma consciente lo que he hecho). Si tengo mucha confianza con alguien, la suficiente como para estar de verdad relajada, a veces estoy contando algo y de pronto me callo para siempre a la mitad, embebida mentalmente en alguna idea paralela que mis palabras han encendido (a Pablo, mi marido, se lo hacía muchas veces, y al pobre se lo llevaban los demonios). Y no consigo poner un rato más en la tostadora, sin que se me queme, una tostada que ha salido demasiado blanca; siempre me digo: esta vez estaré pendiente y la sacaré a tiempo. Pero, por ridículo que parezca, no logro estar concentrada durante un minuto en algo tan abrumadoramente tedioso como una tostadora sin que se me vaya la cabeza a pensar otra cosa y el pan se achicharre.

Todo esto, aunque irritante, tiene hasta cierta gracia y resulta simpático. Mucho menos encanto poseen los momentos de estupor, que, ahora lo veo claro (gracias, Kandel), son pequeños instantes de desconexión parcial. Parpadeos de un circuito mal

especial a los novelistas, nos encantan los impostores; pero es que además creo que tenemos una notable tendencia a sentirnos un fraude: «Soy una traidora, una pecadora, una impostora», escribió en sus diarios una desesperada Sylvia Plath. «Los días buenos me siento un impostor», dice Emmanuel Carrère en *Yoga*. «Ni siquiera soy artista de verdad, sino una especie de impostor que escribe desde el asco más absoluto», dijo Charles Bukowski. Podría seguir hasta el hartazgo, porque hay muchos ejemplos. Se trata del llamado *síndrome del impostor*; fue descrito por primera vez en 1978 por las psicólogas Pauline Clance y Suzanne Imes en el artículo «The Impostor Phenomenon», publicado en *Psychotherapy: Theory, Research, and Practice*. Clance y Imes habían descubierto en sus sesiones clínicas que muchas mujeres profesionales de éxito se sentían, sin embargo, impostoras en su trabajo; que creían no dominar la profesión en la que destacaban y estaban llenas de ansiedad por el miedo a que sus carencias fueran descubiertas. Ahora se sabe que también les sucede a los hombres, aunque a nosotras nos afecta algo más (por cada diez mujeres hay ocho varones), una desigualdad lógica si tenemos en cuenta que el mundo profesional sigue estando construido mayoritariamente para ellos. Es un fenómeno psicológico que, en cualquier caso, está relacionado con el perfeccionismo, pero además yo creo que abunda tanto entre los escritores porque conecta con ese yo carente de hueso que tenemos los literatos. Con la multiplicidad y la falta de fiabilidad interior. Y si además tienes estupores y se te mezcla todo, la sensación de fraude es poderosa.

Hay un caso terrible de síndrome de impostura que es el del filósofo francés Louis Althusser. Fue un hombre que padeció gravísimos problemas mentales; a los veintinueve años le diagnosticaron una psicosis maniacodepresiva y fue internado una veintena de veces en distintos psiquiátricos. En 1980 comenzó a darle un masaje a su mujer, la socióloga Hélène Rytmann, con quien llevaba viviendo treinta y cinco años, y terminó estrangulándola hasta la muerte. Le declararon no apto para ser juzgado por haber sufrido un rapto de locura, y volvieron a internarlo durante tres años. En 1992, dos años después de su muerte, se publicó su autobiografía, *El porvenir es largo*, en la que cuenta de manera desgarradora que se consideraba un cobarde y un impostor. Que albergaba deseos homosexuales que nunca materializó; que pasaba por eminente filósofo cuando lo cierto era que tenía ingentes lagunas de conocimiento: no sabía nada de Aristóteles, ni de los sofistas, ni de los estoicos, ni de Kant (me lo imagino en un estupor diciéndose: ¿Aristóteles? ¿O es Aristarco? ¿O quizá Anaxarco?). Y que fue considerado un héroe en la Segunda Guerra porque estuvo en un campo de prisioneros alemán durante cinco años, pero que en realidad había sufrido un «terror total» a combatir, que inventaba enfermedades para rehuir misiones y que cuando le capturaron los alemanes se sintió aliviado. Desgraciado Althusser, que vivió, como dijimos antes, aplastado por el imperativo heroico de ese tío y primer novio de la madre de quien llevaba el nombre, muerto en combate en la Primera Guerra. De hecho, fue al volver del campo de prisioneros cuando la psicosis de Althusser brotó oficialmente: tuvo la malísima suerte de que le tocara vivir otra guerra mundial en la que medirse frente a su fantasma. Perdió, por supuesto.

Añadiré que tengo la sospecha de que en la mente del escritor hay otros ingredientes que contribuyen a que nos sintamos un fraude. Creo que es un problema con la entomóloga, con el cuidador que todo lo sabe y no siente nada. Si de verdad te parece que no sientes nada, eso significaría que no amas a nadie. Y si no amas, ¿no eres el mayor impostor del universo? En un texto autobiográfico escrito ya en la madurez, Virginia Woolf describe el momento en que murió su madre; ella tenía trece años y la hicieron entrar en el cuarto para despedirse. «No siento absolutamente nada», recuerda Virginia que pensó. «Entonces me incliné y le di un beso a mi madre en la cara. Todavía estaba caliente. Había muerto minutos antes.» He aquí a la entomóloga trabajando a tope. Y, sin embargo, Virginia adoraba a la fallecida: de hecho, su primera crisis mental, la imposibilidad de saltar el charco que hemos narrado antes, la tuvo a los trece años, tras esa desaparición materna ante la que creía no haber sentido «absolutamente nada». Este es uno de los mencionados traumas fundacionales que te destrozan la infancia. Aunque la de Virginia ya había sido destruida mucho antes: desde los siete años sufrió los abusos sexuales de dos hermanastros que rondaban la veintena.

De modo que el cuidador a veces puede pasarse de frenada. Y supongo que aquí, como en todo, la clave está en el equilibrio entre el porcentaje de desapego y el de sentimiento, en lograr cierta armonía entre el yo que sufre y el yo que controla. Intuyo que las personas más desarboladas, aquellas a quienes la enfermedad mental muerde más gravemente, tienen más dificultades para reconocerse en sus emociones. Por ejemplo, me ha chocado ver, en los fascinantes diarios de Sylvia Plath, cómo parece utilizar a toda la gente que conoce (salvo a los hombres de los que cree enamorarse: la pasión es su agujero) como simple documentación para su obra: «Me gustan las personas, todo el mundo. Creo que me gustan como al coleccionista de sellos su colección. Cada episodio, cada incidente, cada retazo de conversación es para mí materia prima». Esta tendencia a deshumanizar al otro y a convertirlo en un objeto de estudio va empeorando con los años; se diría que no es capaz de tener un amigo, una amiga. Hacia el final de los diarios las entradas empiezan a tener algo espeluznante: parece que absolutamente todo lo que vive lo convierte en apuntes de trabajo para poder escribir luego sobre ello. Por ejemplo, los vecinos de enfrente de su casa son un matrimonio mayor. El hombre enferma gravemente; queda imposibilitado y sufre, atendido por su mujer, una terrible agonía de meses. Ted, el marido de Sylvia, los ayuda de cuando en cuando; Sylvia también los visita alguna vez, pero yo diría que para tomar notas. De hecho, un día se entera de que el vecino acaba de tener un derrame cerebral y está a punto de morir, ya solo es cuestión de horas. Y entonces se anima a sí misma a visitarlo con estas palabras: «Ve, tienes que verlo, no has visto nunca un derrame cerebral ni a nadie muerto».

Sí, supongo que hay escritores vampíricos que han perdido por completo el contacto con su yo sufriente; o, lo que es lo mismo, con su corazón. Quizá esos novelistas que no tienen empacho en utilizar, sin apenas disfraz, a las personas reales en sus libros sean todos un poco hijos de Drácula. Pero no quiero condenar a nadie, ni tengo por qué; es muy posible que actúen así porque, si se permitieran un mayor contacto con sus emociones, se desmoronarían. En cualquier caso, en esto no me reconozco. Verdad número dos: todos somos distintos.

Pero, ya que hemos hablado de imposturas, déjame contarte una pequeña historia. Tal vez un año después de la agitada noche de Constantino fui a una fiesta en casa de unos amigos. Debía de haber una treintena de personas, y en un momento dado la dueña de la casa se acercó y me presentó a Pedro Zarco, un eminente cardiólogo a quien yo no conocía pero admiraba (falleció en 2003 de un infarto, qué ironía). Le estreché la mano con entusiasmo y empecé a decirle lo que me interesaban sus trabajos, pero mi locuacidad se fue marchitando ante la expresión de total desconcierto del médico. Acabé por callarme, momento que Zarco aprovechó para decir:

—¿Tú eres Rosa Montero?

—Sí.

—¿La Rosa Montero que trabaja en *El País*, la que hace las entrevistas?

—Sí, sí, claro.

Ya he dicho antes que por entonces me había hecho más o menos famosa, pero tanto mi aspecto físico como mi voz eran aún muy poco conocidos. El doctor Zarco me miró consternado.

—No puede ser. ¿Cómo puedo estar seguro? —murmuró.

—¿Cómo dices?

—Hace tres semanas estuve comiendo con Rosa Montero y no eras tú.

Media hora más tarde, y tras verificar mi autenticidad con sus amigos, el cardiólogo me había puesto al corriente de la historia. Fue durante la presentación del libro de un conocido en el hotel Palace; después hubo un cóctel y coincidieron junto a la barra sirviéndose canapés. La relación fue tan fácil y el entendimiento tan inmediato que se retiraron a una de las mesitas altas con sus platos de plástico y pasaron un buen rato charlando.

—Le dije que me gustaban mucho sus entrevistas y sus artículos, o sea, tus entrevistas y tus artículos, y ella me dijo que le interesaba mi trabajo... Era una chica muy lista, muy simpática, no sé, todo parecía tan normal, me estuvo comentando cosas de las entrevistas...

—¿Cosas? ¿Qué cosas?

—Pues no sé, pequeñas cosas... Que, cuando hablaste con el ayatolá Jomeini en Francia, el tipo no te miró a los ojos ni una vez...

No fue exactamente así; quien no pudo mirarle fui yo, me obligaron a cubrirme el cabello, la frente y las cejas con un pañuelo, ni un solo vello pecaminoso al aire libre, y además me dijeron que tendría que mantener todo el tiempo mi cabeza más baja que la del ayatolá, cosa francamente difícil, porque el hombre era viejo y pequeño y estaba sentado sobre un cojín en el suelo, así que tuve que hacerle la entrevista prácticamente tumbada sobre la alfombra. De modo que no fue como decía esa chica, pero tampoco era una observación mentirosa o chirriante. Claro que todo eso podía deducirse del texto de mi entrevista, pero esto indicaba que la mujer me leía, me seguía, que se sabía bien mis trabajos. Yo estaba espantada; a otros semejante situación quizá pudiera parecerles chistosa, una anécdota banal y divertida con la que animar las reuniones de amigos, pero a mí me desasosegaba y angustiaba. A Zarco tampoco parecía hacerle la menor gracia.

—Y lo peor no es esto... —dijo, y a mí se me encogió el estómago—. Lo peor es que me dijo: Te mandaré mi novela. Y yo, imbécil de mí, le di mi dirección. ¡Mi dirección! Pero ¿cómo podía saber? Y me la mandó.

Una semana después recibí en casa ese libro, reenviado por el cardiólogo. Era *Crónica del desamor*, un ejemplar de la novena edición de la editorial Debate. La dedicatoria decía: «Para el doctor Zarco, con mi admiración, este primer libro mío aún titubeante. Un beso, Rosa Montero». La letra no tenía nada que ver con la mía, era pequeña, apretada e inclinada, pero el texto bien podría haberlo escrito yo. Asomarme a aquella página hizo que la realidad se pusiera un poco resbaladiza.

—¿Y físicamente cómo era? —le pregunté al cardiólogo.

—Normal. De tu edad, pero muy guapa. O sea, quiero decir que no era normal de guapa... Bueno, me estoy liando. Pues eso, que era guapísima.

Un acto fallido, que diría el doctor Freud. Ese «pero» dejó al médico sonrojado y a mí, divertida y también algo envenenada, hay que reconocerlo. Así que guapísima. Supongo que esa belleza contribuyó a su credibilidad y a su simpatía, y no estoy diciendo que Zarco tuviera ninguna intención de ligar y ni siquiera de coquetear con ella, sino que las personas más bellas parecen de inmediato más listas, más buenas, más amables, un fastidioso espejismo que afecta por igual a hombres y a mujeres y que está sobradamente estudiado. Aunque por un lado me mortificó que fuera más atractiva que yo, porque por entonces aún arrastraba uno de esos absurdos complejos físicos que son tan comunes en las mujeres jóvenes, por otro me halagó: por lo menos esa fingida Rosa Montero era hermosa e iba dejando en buen lugar el pabellón de mi nombre. Estas ridículas consideraciones ofuscaron mi mente e impidieron que me diera cabal cuenta de la importancia de lo que estaba pasando. Porque esa fue la primera vez que apareció de forma oficial en mi vida la Otra.

No volví a coincidir con el doctor Zarco nunca más después de aquel día. Todavía tengo en casa ese ejemplar de mi libro.

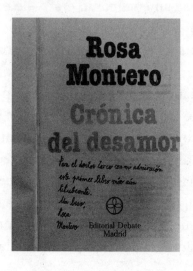

ló de mí sacándome una lengua afilada, verde y bífida, te horrorizarías pensando que me he brotado. Pero si estuviéramos en el siglo XII te lo tomarías muy en serio. ¿Y qué has hecho? ¿Le has enseñado la cruz? ¿Cómo has escapado de él?, preguntarías.

Sin duda conoces la historia del matemático John Nash, inventor de la teoría de juegos; su vida fue reflejada en la película *Una mente maravillosa*, protagonizada por Russell Crowe. A los treinta años, siendo una estrella emergente de la ciencia, Nash se perdió en los desvaríos de una esquizofrenia paranoide. Fue internado a la fuerza en diversos psiquiátricos y sometido a tratamientos tan violentos como los choques insulínicos. Se pasó tres décadas así, delirante, hospitalizado y sin poder valerse por sí mismo, el tópico ejemplo de *loco furioso*. Pero después, poco a poco, se fue liberando de sus alucinaciones, o más bien aprendió a convivir con ellas y a no dejarse engañar por el espejismo. Consiguió recuperar una vida más o menos normal y hasta un puesto de profesor en la Universidad de Princeton, y poco después, en 1994, le dieron el Nobel de Economía. Lo ganó por unos trabajos de juventud realizados antes del hundimiento psíquico; pero hay que decir que Nash siguió haciendo de vez en cuando importantes descubrimientos matemáticos incluso durante los años terribles de esa muerte en vida que es la locura extrema. Su recuperación es poco común;

seguramente los fármacos de nueva generación contribuyeron a ello, pero lograr sobreponerse al terrible deterioro de treinta años de internamientos y tratamientos es asombroso. Está claro que su poderosa cabeza le ayudó, aunque estuviera muy mal cableada. Él mismo lo explica en la autobiografía que escribió tras ganar el Nobel. En ella reconoce haber pasado muchos años ofuscado por los delirios paranoides, hasta que fue aprendiendo a rechazar de manera intelectual, con un enorme esfuerzo de la voluntad, esas fantasmagorías aterradoras. «De manera que en estos momentos parece que estoy pensando de nuevo racionalmente, al modo en que lo hacen los científicos —dice Nash. Y añade—: Sin embargo, esto no es algo que me llene totalmente de alegría, como sucedería en el caso de estar enfermo físicamente y recuperar la salud. Porque la racionalidad del pensamiento impone un límite en el concepto cósmico que la persona tiene.» Aquí cita, con melancólica y evidente envidia, el caso de Zaratustra, un individuo que, visto desde la racionalidad científica, puede ser catalogado como un chiflado. Pero resulta que sus delirios tuvieron una infinidad de seguidores, y justamente por eso, porque fue entendido y apreciado, se convirtió en Zaratustra, es decir, en un visionario que pasó a la historia y que imaginó una nueva manera de acercarse al misterio del mundo. Al igual que con mi ejemplo del demonio, poder compartir el delirio con tus contemporáneos o no

diminuto, sino de una zona ciega que se extiende entre 2 y 4 grados del campo visual. La Luna ocupa medio grado, o sea que el agujero tiene su enjundia. Ahora bien, no lo advertimos porque nuestro cerebro completa imaginariamente lo que no ve. Pasa igual con el glaucoma, una enfermedad insidiosa que te va haciendo perder la visión periférica, hasta dejar tu mirada encerrada en un tubo central. Lo peor es que los enfermos de glaucoma no se dan cuenta del deterioro hasta que es muy tarde; y a veces se enteran porque van a dar la vuelta a una esquina y de pronto se topan, para su desconcierto, con una pared. Y es que la esquina no existía y había sido imaginada por su mente, empeñada en reconstruir con afanosa laboriosidad el paisaje que el ojo dejaba de percibir. El mundo en el que vivimos es en buena medida una alucinación y no me extraña que temamos que el *contagio* de los enfermos mentales nos tire por los suelos el tenderete.

No creo que pueda haber un dolor tan insoportable como el dolor psíquico: cómo no tenerle miedo a ese tormento. Lo que comúnmente llamamos locura, esto es, las alteraciones mentales graves de verdad, las que todavía te inhabilitan para una existencia plena (algún día se encontrará un remedio), producen un sufrimiento atroz. Lo repiten en sus textos una y otra vez los autores más heridos: la locura es un enemigo que acecha durante toda la vida, un buitre que te ronda para devorarte. Aún peor: es un buitre impaciente que comienza a roerte las entrañas cuando aún no has muerto. «Mi cerebro está totalmente trastornado y ya no sirve para vivir, de suerte que debería ir al asilo», dijo Van Gogh. Y Hölderlin escribió en 1801: «Ahora temo acabar como el viejo Tántalo, que recibió de los dioses más de lo que podía digerir». Sus trastornos fueron empeorando hasta que, cinco años más tarde, el buitre lo atrapó definitivamente. Fue internado en una clínica mental y murió en 1843 sin haber vuelto a recuperar el control.

En estos últimos años me he asomado a unos cuantos textos escritos en pleno delirio por gente muy desquiciada. Ha sido todo un viaje. Uno de esos libros es *Inferno*, de Strindberg. El sueco August Strindberg (1849-1912) fue un personaje peculiar. Es uno de los autores más importantes de su país, sobre todo como dramaturgo. Era además un esquizoide paranoico que atravesó por momentos alucinatorios terribles. Se sentía perseguido por todo el mundo, en especial por las mujeres, y terminó construyendo unas teorías conspirativas de una misoginia feroz. Es curioso, porque en su obra hay a la vez textos feministas y textos de un machismo demencial, y nunca mejor dicho. *La señorita Julia*, su obra más famosa, muestra ambos rasgos. Su crisis psicótica más grave fue en 1894 y está reflejada en el libro *Inferno*, que es pura y simplemente el relato de un brote. Delirante y repetitivo, su único interés radica en lo remoto del paisaje mental al que te asoma. Una agonía, un infierno descrito mientras las llamas arden. Strindberg empieza el libro intentando atrapar almas en un cementerio con un frasquito de acetato de plomo líquido: «Aunque es indudable que sé cómo despertar a los muertos, no lo repito más, pues los muertos tienen mal aliento». No para de viajar durante la crisis; va de hotel en hotel, y en todos los establecimientos le suceden cosas horribles. Cree que intentan matarle «con un gas deletéreo» y también con corrientes eléctricas que atraviesan la habitación: «La idea de que soy perseguido por enemigos electricistas me obsesiona de nuevo». Lo que dice da risa, pero su sufrimiento es colosal. Ve señales de conspiraciones por todas partes que de algún modo le alivian, porque le parecen «una realidad palpable que me libera de todas mis horribles sospechas relativas a la enfermedad mental». Y es que también los locos (supongo que ellos más) están muertos de miedo ante la locura.

Una noche aporrea la puerta de su suegra, con quien está viviendo la hija pequeña de Strindberg. «La expresión que adquiere su rostro [el rostro de la suegra] nada más verme me inspira un profundo horror de mí mismo. —¿Qué deseas, hijo mío? —¡Deseo morir y luego ser quemado, o, mejor dicho, ser quemado vivo! ¡Ni una palabra! Me ha comprendido y lucha contra su horror. Mas la piedad y la misericordia religiosa son más fuertes, y ella misma me prepara el sofá, para retirarse acto seguido a su habitación, donde duerme con la niña.» Y con la cómoda corrida contra la puerta, añadiría yo.

Todo el texto transita por estos tormentos atroces, a través de una desesperación tan indescriptible que hace que las palabras con que queremos plasmarla palidezcan. De nuevo en los hoteles; en uno, tres pianos suenan al mismo tiempo en mitad de la noche y tres damas escandinavas lo persiguen. En otro, remachan clavos y se ponen a serrar madera de madrugada «sin que nadie proteste». Paga y se va: «Solo, en la fría noche de enero, arrastro mi maleta cansado, desfallecido, bajo un cielo negro. Se me ocurre la idea de acostarme sobre la nieve y dejarme morir». Termina en una fonda barata y se tumba vestido sobre la cama. Silencio sepulcral. Entonces «¡una pata invisible viene a arañar por detrás el papel del techo, justo por encima de mi cabeza! ¡Es una pata enorme, como de liebre, de perro! ¡Hasta que llega la mañana, con las ropas empapadas en sudor, espero sentir las garras sobre mi piel, pero no sucede nada y las angustias son peores que la misma muerte!». Su terror es absoluto, sin solución, sin salida y sin ninguna posibilidad de ayuda. Tras contar todo esto, el pobre añade: «¿Cómo no me volví loco después de semejantes torturas?».

Es el reino triunfante del delirio. El buitre ahíto y satisfecho. *Inferno* duele y enseña, pero tam-

bién infunde ciertas esperanzas. Porque Strindberg, ese hombre desbaratado, empavorecido y
alienígena, se las apañó para vivir una vida entera
(sesenta y tres años) de manera autónoma. Nunca
fue internado en un psiquiátrico y consiguió com-
pletar una obra que lo ha convertido en un autor
universal. Es un logro increíble, y estoy convencida
de que escribir le ayudó a superar sus alucinadas
pesadillas. Puede que no se acostara en la nieve
hasta morir gracias a que la señorita Julia acaba la
obra saliendo de escena para suicidarse.

Hay otros autores, otras peleas. En todos ellos,
la vida es una espantosa batalla. Está, por ejemplo, la
tremenda y poderosa Alda Merini (1931-2009),
una de las poetas esenciales de la literatura italiana, que pasó varias veces por el psiquiátrico, en
una de las ocasiones durante una década entera.
Era mística y también muy erótica, tuvo varios
amantes y un puñado de hijos, y estaba presa de su
bipolaridad y al mismo tiempo tenía la libertad
radical, dolorosa y sobrecogedora de quien habita
en un mundo paralelo. Hay una sesión de fotos de
Alda madura, desnuda y con collares, que me resulta fascinante: esa fue su manera de luchar contra la locura (o quizá de habitarla): «Conocí Jericó,
/ yo también tuve mi Palestina, / los muros del
manicomio / eran los muros de Jericó [...] / y estaba también el Mesías / confundido con la muche-
dumbre: / un loco que gritaba al Cielo / todo su
amor a Dios. [...] / Fuimos lavados y sepultados, /

olíamos a incienso. / Y después, cuando amábamos / nos daban los electrochoques / porque, decían, un loco / no puede amar a nadie».

Y está Nietzsche (1844-1900). Curiosamente, el primer y el último libro del pensador alemán son dos autobiografías. *De mi vida* lo escribió con catorce años: ya es peculiar, digamos, que a esa edad uno decida redactar sus memorias. En el libro cuenta la muerte de su padre y de su hermano: «Hasta entonces siempre nos habían sonreído la fortuna y la felicidad, nuestra vida fluía con el sosiego de un luminoso día de verano, mas de pronto se formaron negras nubes, los rayos hendieron el espacio y el cielo descargó golpes demoledores. En septiembre de 1848 mi amado padre enfermó [...] de manera repentina». El padre murió en 1849, cuando Friedrich tenía cuatro años, y unos meses después falleció el hermano. He aquí otra infancia destrozada más con la que reforzar mi teoría. Y sigue diciendo el Nietzsche adolescente: «Ya por aquel entonces empezaba a revelarse mi carácter. En el transcurso de mi corta vida había visto ya mucho dolor y aflicción y por eso no era tan gracioso y desenvuelto como suelen ser los niños. Mis compañeros de primaria acostumbraban a burlarse de mí a causa de mi seriedad. Pero esto no ocurrió solo entonces, no, también después, en secundaria, e incluso más tarde, en el instituto». Cáspita: resulta que el pobre Nietzsche fue objeto de persecución, maltrato y acoso escolar durante toda su infancia. Puede que parte de su megalomanía se cociera ahí, contra esos bárbaros. La segunda autobiografía, *Ecce Homo*, es su último texto legible, escrito poco antes de que, en 1889, se abrazara llorando al cuello de un caballo maltratado y luego se desmayara. En *Ecce Homo* brilla ya de modo cegador el delirio mesiánico: «La desproporción entre la grandeza de mi tarea [dar testimonio de su propia vida] y la pequeñez de mis contemporáneos se ha puesto de manifiesto en el hecho de que ni me han oído ni me han visto —dice con arrogancia. Y algo más adelante—: Con *Zaratustra* he hecho a la humanidad el mayor regalo que hasta ahora esta ha recibido». El capítulo siguiente a esta afirmación se titula «Por qué soy tan sabio». Pasó los últimos once años de su vida prisionero del delirio y murió con tan solo cincuenta y cinco.

Es posible, por cierto, que la demencia de Nietzsche fuera causada por la sífilis. He quedado espantada al comprobar cuántos locos célebres pudieron perder la cabeza y la vida justamente por esta terrible enfermedad, adquirida por ellos o congénita. Y así, se habla de que fue el origen de la atroz insania de Guy de Maupassant, y desde luego causó el desequilibrio mental y la muerte de Theo, el hermano de Vincent van Gogh, y al parecer también enloqueció a Théodore Géricault, el pintor de la maravillosa *La balsa de la Medusa*, y dejó hemipléjico y afásico a Baudelaire, y al compositor Gaetano Donizetti le deshizo la cabeza de tal modo que se pasó varios años aislado y encerrado antes de fallecer a los cincuenta. En cuanto a Robert Schumann, se supone que sufría un trastorno quizá bipolar o quizá del espectro de la esquizofrenia. A los veintidós años diseñó un dispositivo mediante el cual se ataba los dedos de la mano derecha y dejaba tan solo libre el anular para intentar así ejercitarlo más; el invento le provocó una invalidez permanente de esa mano y acabó con su carrera de pianista (puede que esa idea desquiciada nos hiciera ganar un gran compositor), así que parece que sus chifladuras venían desde temprano; pero, en cualquier caso, cuando murió a los cua-

pa. ¡Una disculpa! Es lo menos que debería hacer la señora y digo "señora" para no llamarle lo que se merece». Le temblaba la voz y pocas veces he visto tanto odio en alguien. Creo que la sangre se me fue toda de golpe a los pies. «Pero ¿de qué me habla? No entiendo nada», farfullé. A mi alrededor, la librera Lola Larumbe y sus compañeros se removían inquietos: ¿sería un provocador, sería un demente? Los demás lectores de la cola guardaban un silencio sepulcral, ansiosos de absorber hasta la última palabra. «Cuatrocientas personas. Una sala llena de cuatrocientas personas y conexión en directo con la SER, y la señora nos dejó tirados...», escupía el hombre. Poco a poco, con muchas dificultades, porque el tipo estaba de verdad alterado (tuvieron que ir a buscarle un coñac), fue emergiendo la historia. «Zaragoza en letra viva» era un festival literario que se había celebrado ese año por primera vez en la ciudad de Zaragoza. En enero, tras presentar el festival en la prensa, recibieron una carta mía (¿mía?), sí, un bonito papel de color lila con mi nombre impreso en tinta morada (¿mi nombre?); venía escrita no por mí, sino por María, mi secretaria (¿mi secretaria?), y decía que a mí, a Rosa Montero, me había gustado mucho la idea del festival; que por razones personales iba a estar por Zaragoza durante esas fechas, y que, si a ellos les parecía bien, me ofrecía a participar en alguna de las sesiones por el caché que ellos creyeran adecuado. Siendo como era un festival primerizo, por lo visto les pareció estupendo. Se vinieron arriba, me ofrecieron treinta mil pesetas, organizaron una sesión conjunta con la universidad y consiguieron que la radio local acordara retransmitir parte del acto en directo. Llenaron el salón de actos con cuatrocientas personas y yo nunca llegué.

—Pero ¿cómo no sospechasteis? —pregunté.

—Lo hizo todo muy bien. Hablé con ella por teléfono varias veces. Me dijo que, como estabas en Zaragoza, irías por tu cuenta al salón de actos. Incluso llamó media hora antes del comienzo para decir que estabas de camino y que te pusiéramos un café con hielo en la mesa, que siempre bebías café en los actos públicos. Cuando vimos que no venías la telefoneamos una y otra vez, pero no pudimos volver a localizarla. Fue muy humillante.

—¿Y el dinero?

—No, eso no. Te íbamos a pagar tras el acto, así que el dinero por lo menos no lo cobró. Por eso no fuimos a la policía.

Al bueno de David Bulder (me acuerdo todavía de su nombre, pese a mi malísima memoria, porque aquello fue un trauma para mí) lo de no haber perdido las treinta mil pesetas le parecía un alivio, pero a mí me inquietó aún más: si no había un motivo económico, toda esa burla demencial tenía que haber sido montada contra mí.

—Quizá no —argumentó Lola, la librera, que siempre ha sido una optimista—: A lo mejor se trata de una de esas rencillas que siempre hay en los círculos culturales locales, a lo mejor a alguien de Zaragoza le interesaba que este festival fracasara y te han pillado a ti de por medio de casualidad.

Quise creerla, pero a las pocas semanas sucedió algo parecido con la librería Cervantes de Oviedo, y después con la actriz Ana Belén, el científico Faustino Cordón y el director de cine Pedro Olea, a quienes supuestamente yo iba a hacer unas entrevistas para *El País* (yo no sabía nada, de modo que nunca aparecí en las citas).

—Cuando me pidió la entrevista tu secretaria en vez de llamar tú, pensé que te habías vuelto imbécil —me dijo Ana Belén, a la que conocía bastante, después de que le explicara lo sucedido.

Un colega de la sección de nacional del periódico me llevó a ver a un contacto suyo en la policía, que dijo que eran gamberradas de fans y que no le diera más importancia. Pero yo me sentía enferma, literalmente enferma, y no solo asustada por la existencia de una mente oscura obsesionada conmigo, sino además desnuda y desgarrada por todas esas Rosas Montero impresentables, por lo mal que me hacían quedar. Entonces se me ocurrió la brillante idea de contar la historia en uno de mis artículos, pidiendo por favor que corrieran la voz (no existían las redes por entonces), y las aguas parecieron aquietarse mágicamente. Durante un año no volví a tener noticias de ningún fingimiento.

ELOGIO DE LOS INMADUROS

Por lo visto soy una inmadura, y debo decir que hasta me alegro de ello. Hay un libro interesantísimo de la neurobióloga española Mara Dierssen, *El cerebro del artista*, que me ha enseñado unas cuantas cosas. Nuestra cabeza, ya se sabe, es un logro magnífico de la evolución y posee una complejidad colosal. Tenemos ochenta y seis mil millones de neuronas en el cerebro, y para que nos quepan todos los circuitos eléctricos que nos son necesarios dentro de la pequeña y dura caja del cráneo, la corteza cerebral se ha ido arrugando y plegando intrincadamente sobre sí misma con el fin de aumentar la superficie. Si te sacaras la corteza cerebral de la cabeza y la plancharas, podría llegar a medir medio metro cuadrado. Ahora imagínate organizar un sistema perfecto de recepción y envío de datos con todo eso. No me extraña que a veces el cableado dé algún problemilla.

La neurona es una célula especializada en la comunicación. Por un lado, le salen una especie de pequeños hilos que son las dendritas, que se encargan de recoger la información; por el otro, un rabo muy largo que se llama axón y que es el mensajero, el que entrega el paquete. Los nervios son millones de axones juntos (también forman la materia blanca del cerebro, mientras que el cuerpo de las neuronas es la materia gris). Al final del rabo hay unas pequeñísimas protuberancias, los botones sinápticos. Ahí, en bolsitas, están los neurotransmisores, que son compuestos químicos que intervienen de manera fundamental en la comunicación con la siguiente célula. Hay más de cien neurotransmisores en el cuerpo humano: acetilcolina, dopamina, serotonina, noradrenalina, GABA... Algunos son inhibidores: frenan el paso de las señales. Otros, los excitadores, las fomentan. Y este baile eléctrico sucede de manera constante entre miles de millones de neuronas. Si lo piensas un poco, hasta me parece un milagro algo tan básico como ser capaz de meterme el dedo en la nariz.

El cerebro tarda en madurar; hay estudios que sostienen que no termina de formarse hasta después de los treinta años. Sabemos que en la adolescencia comienza una profunda poda neuronal; de niños nuestra cabeza es un torbellino, locamente cableado e interconectado en todas las direcciones; pero al llegar a la pubertad, los neurotransmisores inhibidores de la corteza prefrontal se ponen a funcionar como posesos y apagan todas aquellas conexiones que no son claramente útiles para manejarnos en la vida. Y así, el cerebro se focaliza en cazar mamuts, recolectar sin envenenarse, encontrar una cueva segura, lograr una pareja fértil, mantener a las crías con vida, sin perder tiempo ni energía en ideas paralelas innecesarias. Tradúzcase la metáfora troglodita a nuestra sociedad actual.

Pues bien, al parecer hay un cierto número de personas en las que no se produce esta maduración cerebral. Entre ellas, los enfermos mentales; y también, es lo que sostiene Dierssen, los artistas. La cosa es que fallan de algún modo los neurotransmisores y no se poda la mente como es debido: «Una persona normal controla la atención mediante la inhibición de respuesta a estímulos irrelevantes», dice Dierssen. Pero en la gente más creativa no se produce esa inhibición, al menos en los momentos de creatividad, de modo que tienen (tenemos) la cabeza mucho más llena de tonterías. «Dicho de otro modo, las personas menos creativas fijan demasiado su atención, lo que posiblemente reduce su capacidad de establecer asociaciones y pensamientos más originales. El acto creativo podría derivarse de la capacidad de activar un gran número de representaciones mentales de forma simultánea, lo que permitiría descubrir nuevas asociaciones, nuevas analogías.» Todo esto, claro está, mientras se te achicharra la tostada.

Esa «desinhibición cognitiva» puede verse con

las nuevas técnicas de neurodiagnóstico por imagen, que han revolucionado el conocimiento del cerebro en las últimas décadas. Por ejemplo: cuando se les propone hacer una tarea asociativa a personas que tienen una profesión creativa, su corteza prefrontal (una de cuyas funciones es inhibir las conexiones innecesarias) se ilumina de manera distinta a la de la gente no creativa. Y Dierssen remata: «La inspiración creativa es un estado mental cortical [...] caracterizado por bajos niveles de actividad prefrontal y una mayor actividad del hemisferio derecho respecto al izquierdo».

Llevo décadas diciendo y escribiendo que, de niños, todos tenemos una imaginación selvática capaz de intuir una infinidad de posibles formas de la realidad. Por eso veíamos pasar a un perro y nos inventábamos que era un dragón. Pero al llegar a la pubertad, añadía yo, se nos empezaba a decir que esas fantasías eran cosas de críos pequeños y que había que crecer y superarlas. Y eso hacía la mayoría, obedecer y atenuar la imaginación, salvo unos cuantos que seguíamos viendo dragones. Pues bien, encontrar ahora que hay una razón biológica que explica todo esto a la perfección me ha entusiasmado: ha sido como encender una bengala dentro de mi cabeza. Qué chisporroteo y qué emocionante. Hija de mi tiempo, yo le di más importancia al proceso de socialización, pero por ahora parece haber ganado la biología: herencia 1, ambiente 0. Aunque es una batalla sin terminar de decidir. Recordemos que el ambiente acaba por alterar la química. Pero resumiendo: tengo una cabeza como de quince años. Muchos me parecen. En ocasiones diría que ando por los diez.

Además de este «mayor trasiego de informaciones» que tienen las personas creativas, según Dierssen también se dan otros rasgos neurológicos. Por ejemplo, una mayor relación con el sistema límbico (es decir, con las emociones: tienden a emocionarse más), y también una sobrerrespuesta fisiológica. Lo cual me ha recordado a las PAS, las Personas Altamente Sensibles, un rasgo del comportamiento que fue definido en los años noventa del siglo xx por la psicóloga norteamericana Elaine Aron. No se trata de un trastorno ni de una enfermedad, y por otro lado tampoco son personas superdotadas. Tan solo es una manera de ser que afecta a entre el 15 y el 20 % de la población mundial y se reparte por igual entre hombres y mujeres. ¿Y qué les sucede a las PAS? Pues que al parecer son capaces de percibir y procesar más información sensorial simultánea. Que es algo no muy distinto a lo que cuenta Dierssen. Son, en fin, muy reflexivas, casi diría que obsesivas; con una emocionalidad y empatía muy altas; con tendencia a sobreestimularse e incluso saturarse por la mucha información recibida; con habilidad para captar sutilezas.

Por cierto, la teoría de la doctora Aron sigue siendo discutida por algunos científicos, que sostienen que le falta rigor y que no hay investigaciones que la demuestren. Lo cual no es del todo verdad, porque en 2014 la propia Elaine Aron y otros colegas probaron por medio de las nuevas resonancias magnéticas funcionales que los cerebros considerados de PAS se activaban de manera distinta. Además, para mí la etiqueta tan solo pone palabras a algo que se ha sabido siempre: que hay personas más nerviosas, más impresionables, más inestables, más susceptibles de ser afectadas por el entorno. Vamos, el hipersensible de toda la vida, conocido afectuosamente como «esa histérica», «ese quejica», «esa tarada» o «ese maniático».

Pues no. Somos PAS, que suena mucho más digno. En internet se pueden encontrar algunos test que se supone que te permitirían saber si tienes alta sensibilidad y en qué grado. Aparte de cosas obvias, como no poder soportar las imágenes violentas (o soportarlas muy mal), también está la hipersensibilidad a las luces, a los sonidos, a los estímulos físicos. Por ejemplo: yo hay días que voy por la calle con una camiseta que ya me he puesto un par de veces antes sin problemas, pero cuya etiqueta de repente se me antoja intolerable. Hablo de esas pequeñas tiras de tela cosidas a la parte de atrás del cuello de la prenda y en las que viene el nombre de la marca. De pronto no la soporto: me está hiriendo la piel, me araña, me pica, me desquicia de tal modo que no aguanto su contacto ni un segundo más y, como esta aguda crisis de rechazo sucede a menudo en la calle, resulta que empiezo a tironear de la etiqueta como una maniaca, con tanta furia que acabo por arrancarla y desgarrar la prenda. Tengo un montón de ropa con la parte de atrás del cuello agujereada. Y con esto lo que quiero señalar es que esa alta sensibilidad no es siempre igual de alta. Que fluctúa, como también fluctúa la creatividad en la gente creativa (a ratos tu cabeza vuela, y a ratos es como un moco pegado a la baldosa). Y presiento que todo ello forma parte del mismo cableado defectuoso, de neurotransmisores que a veces funcionan como deben y a veces parpadean amenazando apagarse.

«Algunos autores consideran [...] que una propiedad fundamental del cerebro creativo podría ser la desregulación de diferentes neurotransmisores, en especial la dopamina», dice Dierssen. Pues bien, resulta que los neurotransmisores también están alterados en los casos de trastorno mental. Así que quizá la diferencia entre la creatividad y lo que llamamos locura sea tan solo cuantitativa. Por ejemplo: que a las bolsitas químicas del final de los axones apenas les falte un poco de sustancia o que estén casi vacías. No recuerdo que la autora dé ninguna estimación sobre qué porcentaje de población tiene este cerebro inmaduro y sin podar, pero yo me voy a atrever a suponer que estamos en torno al 15 %, simplemente por comparación con las PAS y también fijándome en otras investigaciones, como la que hizo en el año 2009 la universidad húngara de Semmelweis. Se trató de un estudio muy curioso: cogieron a unos cuantos cientos de sujetos que no habían tenido previamente ningún trastorno psíquico y los sometieron a una serie de test de creatividad básicos. Hecho esto, comprobaron si los sujetos tenían una mutación de un gen del cerebro llamado neuregulin-1. Se calcula que el 50 % de los europeos tiene una copia de esta mutación; el 15 %, dos; y el 35 %, ninguna. Pues bien, aquellos que tenían dos copias eran los más creativos, mientras que los que no tenían ninguna eran los menos (los investigadores húngaros, entusiasmados, sugirieron que habían encontrado el gen de la creatividad: mucho me parece). Pero lo más gracioso de este estudio es que también descubrieron que ese 15 % más creativo tenía una memoria malísima, mostraba una mayor tendencia a sufrir desequilibrios mentales y además padecía una hipersensibilidad a las críticas. No me digas que no es el retrato robot del artista.

Por cierto, yo hago pleno: cumplo a la perfección los tres requisitos. Me asusta especialmente la falta de memoria, cómo mi vida pasada parece irse hundiendo en una espesa niebla que todo lo traga. No recuerdo momentos ni vivencias que, cuando alguien me los relata, sé que tuvieron que ser cruciales y muy importantes para mí. Y sin embargo no guardo ni el menor eco de aquello en mi cabeza. Seguramente este despeñadero mental tiene también mucho que ver con la química del cerebro.

«La depresión y el estrés parecen producir los mismos cambios bioquímicos en el cuerpo: activan el eje hipotalámico-hipofisario-adrenal (HHA) del sistema neuroendocrino, haciendo que la glándula suprarrenal libere cortisol, que es la principal hormona del estrés [...]. Las concentraciones excesivas de cortisol destruyen las conexiones sinápticas entre las neuronas del hipocampo, la zona del cerebro más importante para la memoria», explica el neurocientífico Eric Kandel. ¡Acabáramos! Ahora lo entiendo todo, porque mi nivel medio de estrés suele oscilar entre mucho y demasiado. Solo me consuela que parece ser un agujero mental que compartimos muchos escritores: «Mi forma de pensar es ir olvidando todo», se lamenta Héctor Abad. Y Ursula K. Le Guin asegura que se le da mucho mejor inventar cosas que recordarlas.

Volviendo al acto creativo, Dierssen se pregunta si los humanos tenemos una necesidad física de ver y producir arte; o, lo que es lo mismo, ¿para qué nos sirve? No da una respuesta definitiva, pero apunta algunas cosas curiosas, como, por ejemplo, que la música (que pudo ser una preadaptación del lenguaje) activa las mismas respuestas cerebrales que el sexo o que comer con hambre, y que el placer artístico «podría entenderse como un mecanismo evolutivo para sobrevivir». Precisamente hay investigadores que sostienen que la existencia de las PAS es una ventaja evolutiva para la especie, por su capacidad para procesar más información de forma paralela. Imaginemos, es una mera hipótesis, que esas Personas Altamente Sensibles son también aquellas que poseen los cerebros no inhibidos de Dierssen, es decir, gente que piensa en mil cosas a la vez. De adolescente leí una novela de ciencia ficción cuyo título no he vuelto a recordar, pero que trataba de una inmensa nave-mundo cuyos pobladores eran todos eminentes especialistas en diversas parcelas del conocimiento. Todos menos uno, el Relacionador, que sabía un poco de todo pero mucho de nada, y que era como el paria del lugar, un tipo despreciado de manera unánime por el resto de sus compañeros. Hasta que la nave-mundo se enfrenta a una crisis compleja y colosal que pone la supervivencia del sistema en peligro. ¿Y quién los salva entonces? Pues sí, el Relacionador, como era previsible, porque es el único capaz de conectar paralelamente los pequeños y aislados fragmentos de una realidad siempre caótica. En fin, tal vez estas cabezas nuestras que se pierden tanto por las ramas encuentren alguna vez un árbol necesario para la especie.

Pero déjame añadir un dato inquietante: hace poco ha salido un libro titulado *Mi jefe es un psicópata*, del psicólogo Iñaki Piñuel, que sostiene que en la población mundial hay un 2 % de psicópatas, una gente muy mala que es incapaz de sentir empatía por el prójimo (por favor, no confundamos la psicopatía, que no es considerada una enfermedad mental, con el terrible trastorno de la psicosis). Y a este porcentaje habría que añadir entre un 10 y un 13 % de psicopatoides y narcisos, personas también terriblemente tóxicas que solo utilizan al otro para su provecho. En total, pues, un 15 % de tipejos sin escrúpulos. ¿Y no resulta curioso que a uno y otro lado de la escala haya la misma cantidad de personas? Esto es, en los extremos del arco social estarían, como dos contrapesos, los tipos excesivamente empáticos y los individuos incapaces de sentir. Corazones de piedra contra corazones de alcachofa. ¿Será también la mala gente un recurso genético? Produce cierto vértigo pensar cosas así. Como si el Mal pudiera tener un lugar en el mundo.

15 %), y a otros quizá les parezca un comportamiento a medio camino entre el desvarío y la estupidez. La cuestión es que mi cabeza, como la de los niños, va inventando historias todo el rato. No lo hago a propósito, no es una decisión voluntaria: simplemente la imaginación se enciende por sí sola. Estoy esperando el ascensor, por ejemplo, y justo antes de que se abran las puertas se me ocurre que dentro va a haber un cadáver ovillado sobre un charco de sangre. No sé por qué lo pienso hoy, y no anoche, pongamos, cuando estaba en la misma situación. De repente, sucede. En otras ocasiones no se trata de ver solo una escena (ese cuerpo en el suelo), sino que me invento toda una aventura. Hace un par de años me encontraba escribiendo un libro en Cascais, a veinticinco kilómetros de Lisboa, cuando llamaron unos amigos españoles que acababan de llegar. Quedé en tomar algo con ellos en el centro del pueblo, y salí de mi urbanización, a las afueras de Cascais, con la hora encima. Desde mi casa hasta el lugar de la cita había unos dos kilómetros, de modo que empecé a caminar a toda prisa. Y de pronto, mientras trotaba calle abajo, se me encendió la cabeza y me dije: ¿Y si...? (todas estas ensoñaciones comienzan con un ¿y si?) ¿Y si de repente hubiera un terremoto? No era una suposición tan descabellada; de hecho, se lleva esperando un gran temblor en la zona de Lisboa desde hace décadas. Recordemos que la ciudad fue destruida en 1755 por un terremoto

que se hizo célebre en la historia porque Voltaire lo usó como ejemplo de que los dioses no son de fiar. Y es que a la sazón se creía que las desgracias naturales eran castigos divinos a los impíos, lo cual no cuadraba con la sociedad portuguesa, que era muy religiosa, ni con el hecho de que en Lisboa se derrumbaron las iglesias, pero no los prostíbulos.

Pero, regresando a aquella tarde, la cuestión es que la idea del terremoto brotó por sí sola en mi cabeza, salida de quién sabe dónde, y a partir de ese momento empecé a vivir en dos dimensiones paralelas. Por un lado estaba mi cuerpo real, que seguía caminando muy deprisa, con el piloto automático puesto, hacia la cita con mis amigos. Por el otro, mi vida imaginaria, en la que estaba experimentando un fuerte temblor: los árboles se cimbreaban, el asfalto ondulante hacía bailar encima a los coches como juguetes, el típico empedrado portugués de las aceras se desmigaba. ¡Y ese ruido increíble, el retumbar del mundo! Al fin la violencia de la tierra se detuvo y yo, espantada, decidí no acudir a la cita con mis amigos, sino darme la vuelta y regresar a casa (estoy hablando de la vida inventada: mi cuerpo mortal seguía a paso ligero camino del centro de Cascais). Cuando entré en la urbanización, comprobé con alivio que allí los daños no habían sido graves (el edificio, y esto es verdad, está construido sobre roca). Algunos cristales rotos, coches con la alarma ululando, la gente reunida en nerviosos corrillos. Llegué a mi portal y subí a pie todo lo rápido que pude los cuatro pisos, porque había dejado a las perras solas en casa. Ya desde la tercera planta las escuché gimotear y rasguñar la puerta, pobrecitas; cuando alcancé el descansillo organizaron un escándalo de lloros. Me apresuré a sacar la llave, la metí en la cerradura y... ¡Horror! ¡El marco de la puerta se había desencajado y no podía abrir! ¿Y ahora qué hago?, me pregunté, desesperada, mientras las perras se quedaban roncas de tanto chillar. Porque llamar a los bomberos sería absurdo, buenos debían de estar los pobres bomberos con el pedazo de terremoto que habíamos sufrido, seguro que no daban abasto. En ese momento apareció mi vecino: ¿Y si pruebas a pasar por la terraza?, dijo. Me pareció una idea magnífica, porque, por fortuna, había dejado mi balcón abierto. Así que entré en el piso del vecino, y en esas estaba cuando mi cuerpo real llegó al café en donde había quedado con los amigos y se acabó el terremoto para mí.

Mi cabeza, en fin, va enhebrando historias semejantes todo el día; y la inmensa mayoría de estas fantasías no sirven para nada, quiero decir que no desembocarán ni en un cuento ni en una novela, simplemente atraviesan la oscuridad del cráneo como cometas errantes y desaparecen para siempre jamás. Nunca hubiera escrito nada sobre este terremoto imaginario si no fuera porque me parece un ejemplo muy revelador de cómo funciona la creatividad. Y es que, cuando llegué mentalmente

hasta se me escapa un pequeño grito o un gemido de horror que procuro enredar entre los dientes para que no me oigan. O bien compro seis grandes copas de cristal en una tienda de chinos y me voy con ellas mal envueltas en papel de periódico y dentro de una bolsa de plástico cuyas asas no puedo abarcar con la mano, de modo que tengo que llevar el bulto sujeto contra el pecho. Hay casi media hora de camino hasta llegar a casa, y de pronto me imagino tropezando y cayendo; las copas se rompen, los punzantes cristales me atraviesan el tórax. Entonces la prudencia neurótica hace que me cambie la bolsa, que antes llevaba en el costado izquierdo, hacia el lado derecho del cuerpo, porque así por lo menos los vidrios no se me clavarán en el corazón (solo en el pulmón: puedo ver el aire que se escapa en pequeñas burbujas que la sangre pinta de un delicado color rosa). Y esta es la razón por la que me paso todo el trayecto con el paquete escorado a la derecha, hasta terminar con el brazo entumecido (¡pero es que la imagen fue tan real!).

Me acabo de dar cuenta de que solo te estoy contando visiones oscuras, amenazas posibles de un mundo que da miedo. A decir verdad, no todas son así: a veces lo que inventas son simples aventuras, vidas paralelas. Pero es cierto que abunda lo sombrío. Creo que esta tendencia a barruntar desgracias es algo bastante común dentro de la familia de los nerviosos. Lo dice Sylvia Plath en sus diarios: «Soy ese tipo de mujer que, cuando empieza a llover [...], solo puede pensar en ventanas abiertas, ventanas de coche, ventanas de una segunda planta, ventanas por todas partes abiertas mientras la lluvia cae a raudales [...] echando a perder irremediablemente la madera, el papel de las paredes, los libros y los muebles».

Y lo mismo le sucede a mi amiga y traductora al francés, la estupenda novelista Myriam Chirousse. Hace un año, Myriam estaba vendiendo su casa en la Francia rural y buscando algo en España para mudarse aquí junto a su pareja, Frédéric. Una noche estuve hablando con ella por e-mail de lo que estaba escribiendo en este libro y me respondió con una carta genial: «Mira, te voy a contar lo que me ha pasado ayer, porque podría formar parte de tu texto. Estaba viendo por internet anuncios de casas y encontré una en la sierra de Madrid, por donde empieza Gredos, una casa pequeña pero mona, con vistas, en la ladera de la sierra, al final de una urbanización, justo al final, donde empiezan el bosque y los caminos de senderismo, y en Google Maps veo que hay kilómetros y kilómetros de bosque, de pinos, de castaños, con arroyos, riachuelos y pequeños embalses... Me parece un sitio precioso para una vida preciosa (¡y a una hora de Madrid y de ti!), y de repente... Pero, con estos pinos y estos árboles tan cerca, ¿qué pasa si hay un incendio? Joder, esta casa es la primera de la urbanización, ¡la más cercana al bosque, al fuego! Y entonces los pinos de la foto como que comienzan a arder, y mi casa, ¡mi casa!, se llena de humo, es el Apocalipsis, el fin del mundo. ¡Frédéric! ¿Qué hacemos? ¡Tenemos que huir! ¡Dios mío! ¿Qué me llevo? Mi casa va a arder, voy a perderlo todo, este pequeño paraíso que tanto anhelaba, las llamas ya se acercan, oigo el crujir de los árboles que se derrumban comidos por el fuego, ¡hay que huir! ¿Y los gatos? ¿Dónde están los gatos? No los veo, se estarán escondiendo, ¿se salvarán? Los salvará su instinto, me dice Frédéric. ¿Cómo que los salvará su instinto? ¿Cuándo ha ocurrido eso? ¡Jamás! ¡Los salvará la suerte, si hay suerte! ¡No podemos hacer nada, nada! Tenemos que huir, con lágrimas de ceniza en los ojos, y perderlo todo... Y ahí estaba yo, en mi despacho, hipnotizada por un anuncio de la página de Fotocasa, mirando un chalé que muchos otros mirarían calculando tasas de interés, plazos de hipoteca, y yo, en vez de eso, muriéndome en uno de mis miles de finales del mundo. Tu libro habla de mí».

Por no mencionar que, cuando leemos una noticia truculenta en el periódico o nos la cuenta alguien, simplemente la *vemos*, es decir, *estamos allí*. He olido la carne achicharrada de esas víctimas del ISIS a quienes quemaron con lanzallamas dentro de una jaula. He oído cómo se rompen los huesos de los niños que son maltratados hasta la muerte por sus padres. Y, una vez más, no soy la única a quien le sucede esto. Emmanuel Carrère cuenta en *Yoga* una historia atroz que, dice, leyó hace veinte años en el periódico *Libération*. A un niño de cuatro años le hacen una operación quirúrgica intrascendente que sin embargo sale mal. Y el niño regresa del quirófano sordo, ciego, mudo y paralizado. Para Carrère no hay espanto mayor: esa criatura atrapada para siempre en el silencio y la oscuridad, sin poder entenderlo, sin ser capaz de moverse, sin percibir ni las caricias de sus padres. Es una pesadilla horripilante que ha atormentado a Carrère durante dos décadas, y si ha tenido un efecto tan perdurable es porque estoy segura de que el escritor se sintió dentro de ese niño. Yo también me siento ahora un poco ahí. Quizá no dentro del chico, sino al lado: la habitación del hospital en penumbra, la cama articulada, el pequeño bulto de ese crío tan quieto debajo de la sábana impecable, el zumbido neumático del respirador. Y el dolor, el dolor colosal horadando como un gusano el corazón de la madre. Estas escenas crueles que nuestra imaginación nos hace vivir tienen algo de enloquecedor y de persecutorio. Por eso a veces nos saltamos hojas de los diarios sin leer, o no nos atrevemos a ver un informativo de televisión, o levantamos corriendo la mano en el aire para detener la verborrea morbosa de alguien que está dispuesto a contarnos un suceso tremendo hasta el más mínimo detalle (todas estas reacciones son consideradas síntomas de PAS). El problema es que las visiones resultan demasiado reales. Puede que Proust se refiriera a esto cuando hablaba de la parte lamentable de la familia.

que eres tonta, por qué no te has parado, por qué no le has hablado, por qué no has mantenido una pequeña conversación casual... Me quedé tan a disgusto que ni siquiera completé el circuito que suelo hacer, sino que regresé con bastante antelación a ver si lo pillaba antes de que se fuera. Y, en efecto, ahí estaba aún, solo que ahora no al borde del camino, sino lejos, ejercitándose en uno de los aparatos. De modo que no pude hacer gran cosa, salvo ponerme un poco en evidencia. Porque esperé hasta que me miró, y entonces saludé con una gran sonrisa y sacudí con vehemencia la mano en el aire. Él también contestó de forma amable y eso fue todo.

Desde la zona del gimnasio a mi casa hay unos quince minutos a pie. Te voy a explicar cómo fue ese cuarto de hora. Primero empecé a suponer que ligaba con él. Al día siguiente me prepararía algunas palabras ingeniosas para decir (las pensé), charlaríamos un rato, le propondría tomar un café en la terraza de un bonito bar cercano. Durante siete u ocho minutos se desarrolló en mi cabeza el cortejo entero: las conversaciones que manteníamos, la manera de mirarnos, lo que me contaba de su vida (era viudo, era divorciado, no se había casado, era médico pero había sido campeón nacional de salto con pértiga, era entrenador de waterpolo y antes había sido jugador profesional, era trapecista en un circo), el roce aparentemente casual de sus dedos con mis dedos, el primer beso, oh, sí, esa manera de zambullirte en el otro, y el olor de su cálida piel. Ñam. Y nos visualicé paseando juntos por los sitios que más me gustan de Cascais, jugando con las perras, tomando un vino blanco en mi terraza. Todo magnífico, estupendo. Pero enseguida empezaron los problemas. Le imaginé, mejor dicho, le vi con toda claridad, diciéndome que quería ir a la playa. Yo odio la playa, y tomar el sol, y me da miedo el mar. Pero el Mayor Suculento estaba muy moreno, seguro que le entusiasmaba tostarse y era de los que lagarteaban sobre la arena durante horas. Un suplicio. Y además, ¿cómo íbamos a mantener todas esas conversaciones ingeniosas si no sé suficiente portugués? Seguro que nos pasábamos los días sin saber qué decirnos, sonriendo bobamente. Qué aburrimiento. ¿Y si por añadidura era un borrico? ¿Y si tenía unos amigos espantosos que insistiría en presentarme? Y encima, yo viviendo la mayor parte del tiempo en Madrid y él, aquí, ¡qué cantidad de malentendidos podrían darse! Seguro que no teníamos nada en común. ¿Y si la historia se convertía en una de esas relaciones desasosegantes e incómodas, un error que podría enturbiar lo bien que siempre me había sentido en Portugal? Lo vi con toda claridad, vi nuestras discusiones y la dolorosa distancia sideral que nos separaba, y sentí la pesadumbre de haberme metido en una de esas relaciones que tú sabes desde el principio que no pueden funcionar, que de hecho no funcionan, y que, sin embargo, alargas unos cuantos meses más por pura idealización, por el espejismo de creerte enamorada. El esfuerzo inútil conduce a la melancolía, como decía Ortega y Gasset. Más o menos en ese momento llegué a casa, y al tener que interrumpir el trance peripatético (la imaginación parece avivarse en los paseos) con menesteres concretos tales como ponerle a Petra de comer, la realidad se me impuso sobre el espejismo. Y así, cayó encima de mí la sensatez como un repentino balde de agua fría: por Dios, qué loca estoy, cómo puedo imaginarme en un instante, sin solución de continuidad, una tórrida historia de amor y un amargo desencanto, y todo por nada, todo por un par de sonrisas banales.

A partir de ese día, y durante el resto de ese viaje a Cascais, cambié mi trayecto matinal para no volver a pasar por la zona del gimnasio y no encontrármelo, porque me avergonzaba que el Mayor Suculento pensara que yo quería ligar con él. Lo cual era sin duda cierto, eso era exactamente lo que yo había querido; pero es que lo que me abochornaba de verdad, lo que no me sentía capaz de asumir, era el torbellino de mis fantasías. Ya sabes, métete el gato por el culo, como en el celebérrimo y clásico chiste: un viajante de comercio va conduciendo un coche alquilado en mitad de una noche tormentosa y en una zona remota del país, y tiene la mala suerte de pinchar una rueda. Sale del vehículo para cambiarla y descubre con horror que no hay gato mecánico, ese pequeño elevador que se mete debajo del coche para alzarlo. Desesperado, mira alrededor: oscuridad total, campos vacíos, una lluvia torrencial anegándolo todo. Solo se atisba una débil luz allá en lo alto de la colina, a unos seiscientos o setecientos metros. Una granja, seguro. Al viajante no se le ocurre qué otra cosa hacer, así que decide acercarse a pedir prestada la herramienta (el chiste proviene de esos tiempos arcaicos en los que todavía no había móviles). Echa a caminar monte a través bajo el diluvio, con el barro blando y frío colándose dentro de sus zapatos de ciudad. He tenido suerte de que haya una granja cerca, va pensando; en una granja siempre hay coches y tractores y de todo; me dejarán el gato, cambiaré la rueda y directo al hotel a tomar un baño. Espero que el granjero esté despierto. La luz está encendida, por lo menos. Aunque parece una de esas luces exteriores, de esas que se dejan prendidas toda la noche. ¿Y si está dormido? Esta gente del campo se acuesta con las gallinas. Ufff, seguro que está dormido. Y roncando. Seguro que voy a tener que aporrear la puerta media hora. Porque no habrá timbre, ya verás. Y no me oirá. Venga a golpear la puerta hasta que al fin lo levante. No le va a hacer mucha gracia que le despierte. Seguro que viene cabreado. Con el mal humor que se gastan estos lugareños. Que si madrugan mucho y que si tal. Y la desconfianza que nos tienen a los de ciudad. De puro ignorantes que son. Así que lo mismo aporreo y aporreo la puerta y el tipo se mosquea y no me abre. Odian a los desconocidos. Y yo desde el exterior diciéndole a voces que soy un viajante, que estoy reventado de cansancio, que he pinchado y que esos hijos de puta me han alquilado un coche sin gato, que si puede prestarme uno, por favor... Y ahí lo mismo abre la puerta un poco, con la cadena puesta y un ojo de borracho mirando por la rendija; y seguro que en esa cabezota desconfiada y mísera le surge la sospecha de que quiero robarle, de que me he hecho un kilómetro caminando campo a través bajo la lluvia helada en mitad de la noche para robarle una maldita herramienta vieja. Y entonces me dirá: no tengo gato. Y me dará con la puerta en las narices, me dejará plantado bajo el diluvio y tiritando. A esas alturas de su soliloquio el conductor ha llegado a la granja; se planta chorreando debajo de la débil luz de la entrada y golpea con impaciencia la puerta, que, en efecto, no tiene timbre, pero que enseguida abre el granjero. Y nuestro viajante de comercio le berrea: ¿Sabe qué le digo? ¡Que se meta el gato por el culo!

Ahora que lo pienso, estoy completamente segura de que el protagonista del chiste no era un viajante de comercio, sino un escritor. Déjame que lo cuente de nuevo: una novelista en gira de promoción va conduciendo un coche alquilado...

Pero en el regalo de las hadas hay otra parte. Esto es, nos falta por contar el verdadero regalo. Un día, en mitad de ese tumulto de ideas alocadas que no sirven de nada ni van a ningún lado, se te ocurre algo que, de repente, no sabes ni por qué, te deja fascinada. Te encandila, te turba, te deslumbra, te atrapa. La emoción que sientes es tan grande que no te cabe en el pecho, que te desborda la cabeza, de modo que te dices: yo esto tengo que contarlo, tengo que compartirlo. Y ahí es donde nace el cuento, o la novela. A ese fulgor primero, tan movilizador y tan punzante, lo llamo el huevecillo. Si te fijas bien es algo hermoso, porque desde el mismo instante de la concepción de la obra está el lector. Ese otro al que vas a contar la historia y con quien ansías compartir. El arte, creo que todo arte, es en primer lugar comunicación.

Te voy a poner un ejemplo de huevecillo. Un día yo iba en un AVE de Madrid a Málaga para participar en un club de lectura. Me encontraba escribiendo algo en mi portátil cuando el tren se detuvo entre estaciones. Levanté la cabeza y por la ventanilla vi un paisaje calamitoso: una barriada industrial empobrecida y mustia, varios juegos de vías y, junto a esos raíles, un balconcito cochambroso con una bombona de gas oxidada, las persianas rotas, la carpintería de aluminio alabeada. Atado con alambre a los sucios barrotes, un cartel escrito a mano en la tapa de una caja de zapatos decía: SE VENDE, y añadía un número de teléfono. Era el apartamento más horroroso del planeta en el pueblo más espantoso del universo. Primero sentí pena: si lo estaban vendiendo debían de necesitar el dinero, pero nadie iba a comprar jamás un piso tan feo y tan pegado a las vías. Y entonces mi cabeza sin podar echó a correr: ¿Y si... y si hubiera alguien que, como yo, está en un tren, y levanta la cabeza y ve el cartel, y se baja en la siguiente estación, regresa, se compra ese apartamento de pesadilla, se encierra dentro y nunca llega a su destino, desaparece? Un tsunami de sentimientos me inundó, una supernova estalló en mi cráneo. ¡Cómo me emocionó esa idea! Yo lo ignoraba todo sobre la historia, no tenía ni idea de por qué se bajaba o por qué se compraba un apartamento en semejante lugar, ni siquiera sabía si el pasajero de mi tren era hombre o mujer, pero ya estaba atrapada, hipnotizada, porque los huevecillos son como una infección, es un virus que se te mete dentro y empieza a crecer. Y, como la curiosidad te mata, como necesitas de manera perentoria saber más, te pones a mirar la escena con mayor atención. Lo primero que hice fue pensar que mi pasajero era una mujer. La visualicé en el vagón, imaginé sus gestos, sus movimientos, y no me sentí cómoda, la historia me chirriaba. Un comportamiento tan ensimismado, tan mudo, tan encerrado en la acción sin una sola palabra, no me resultaba muy femenino. Volví a plantearme el huevecillo con un hombre, y ahí la escena fluyó con suavidad. De ese modo descubrí que mi protagonista era un varón. Y así va creciendo la historia, en fin, de una forma muy orgánica, como un arbolito que echa

UN MAR DE DESORDEN

Ya sé que tú has descubierto, desde el mismo principio, que la falsa Rosa Montero que habló con el doctor Zarco y la desconocida que pidió las inexistentes entrevistas para *El País* no solo eran la misma persona, sino que además se trataba de aquella chica tan guapa a quien su novio sometía a la tortura de los celos para que ella no se diera cuenta de que él era una birria. Pues sí, en efecto, así es, siempre fue ella, pero es que a los lectores les es muy fácil hacer esas conexiones luminosas gracias a que nosotros, los escritores, hemos entresacado antes esos datos del tumulto informe del mundo y los hemos potenciado hasta conseguir que al lector le baste con echar una ojeada para unir las piezas y para creer, a consecuencia de ello, que la vida puede entenderse, cuando no es cierto. La existencia es un caos y uno de los servicios que prestamos los novelistas (una de las razones primeras por las que me lees, por las que yo leo) es dar una apariencia de causalidad y de sentido a una realidad que es solo furia y ruido. Incluso la novela más experimental y deshilvanada tiene un comienzo y un final y domestica de algún modo esta absurda agitación en la que vivimos. Las novelas son una pequeña isla de significado en el mar del desorden.

De modo que tú lo adivinaste, pero yo, mientras lo vivía, fui incapaz de verlo durante mucho tiempo. En realidad, si se piensa un poco no es tan raro; los acontecimientos anómalos no sucedieron de forma continuada, sino que siempre estuvieron separados por un año o dos de calma total. No negaré que se me pasó por la cabeza que la mujer que pidió las entrevistas podría ser la misma que había estado charlando con tanta desenvoltura con el doctor Zarco el verano anterior; pero no estaba segura, porque el mundo está lleno de gente peculiar que hace cosas muy raras con las personas más o menos famosas. Por aquel entonces yo recibía, como muchos otros compañeros, bastantes cartas excéntricas en *El País*, así que bien podría tratarse de dos impostoras distintas. Y desde luego en lo que no caí, hasta mucho más tarde, fue en que podría ser aquella misma joven del novio con las gafas-pecera.

Pero al fin sucedió algo que me hizo reconocer la perseverante presencia de la Otra. Fue una de las cosas más raras que me han pasado en la vida. Intentaré ser breve porque es largo: la estupenda y añorada hispanista Elena Gascón Vera, que por entonces dirigía el Departamento de Español de Wellesley College en Estados Unidos, me ofreció ir de profesora invitada a su universidad durante un semestre. Me pareció un gran plan, así que acepté. Mis clases empezaban a principios de enero de 1985 y llegué un par de días antes; me recogió en el aeropuerto la profesora Joy Renjilian, porque Elena estaba de año sabático, y, tras quedar con ella a la mañana siguiente en el campus para hacer el papeleo, me depositó en mi apartamento alquilado. A la hora acordada llegué tan contenta al College; me encontré con Joy (su nombre significa alegría en inglés: muy apropiado) y nos fuimos las dos felices cual perdices a la oficina de admisiones, donde la profesora me presentó a la encargada del lugar. Aún me parece ver su cara, los ojos redondos, la boca entreabierta, el gesto congelado. Duró solo un segundo, pero fue un segundo pétreo que cayó a nuestros pies como una bala de cañón. Imposible no sentirse sobresaltada.

—No puede ser Rosa Montero, ha venido hace un rato y no era ella —dijo al fin en inglés, de un tirón y en un tono demasiado agudo, mientras me señalaba con un dedo convulso.

Ese fue nuestro turno, el de Joy y el mío, para que se nos desencajara la expresión.

Tras mucha conversación incongruente y algo histérica por parte de las tres, conseguimos reconstruir de manera aceptable lo sucedido. Un par de horas antes, nada más abrir la oficina, había aparecido una chica española que casi no hablaba inglés. Dijo que era Rosa Montero, y la encargada (Marion, creo que se llamaba, una rubia madura de gesto consternado), que ya estaba esperando mi llegada, le pasó los formularios para que los rellenara y le pidió el pasaporte. La mujer contestó con un montón de palabras en español que Marion no entendió, aunque creyó comprender que se le había olvidado el documento en casa y que iría a buscarlo. De todas maneras, salvo la fotocopia del pasaporte, todo lo demás lo hicieron. Rellenaron de arriba abajo el formulario de registro, y el impreso oficial para pedir el número de Seguridad Social, y el contrato del apartamento, y los demás trámites debidos, que eran unos cuantos; y fue la propia Marion quien tuvo que decirle a la mujer mi número de pasaporte, que yo les había facilitado meses antes para que sacaran el billete de avión. En fin, menos la maldita fotocopia del documento, lo hicieron todo, absolutamente todo. Quiero decir que la encargada de admisiones incluso le entregó el carné de la universidad. Su identificación dentro de Wellesley College. Tras lo cual la mujer se fue, supuestamente para ir a buscar el pasaporte a casa y traerlo. Cuando nosotras llegamos, Marion estaba empezando a extrañarse de la tardanza.

Miramos los papeles: Rosa Montero, Departamento de Español, profesora invitada, periodista y novelista... Sin duda se hacía pasar por mí, aunque la dirección de Madrid era inventada (la verificamos: no existía) y la letra no tenía nada que ver con la mía, aunque sí con la de quien le dedicó mi novela al doctor Zarco (lo comprobé). Yo ya estaba bastante asustada, pero casi me descompuse cuando la desconsolada Marion, que parecía estar a punto de autodestruirse en treinta segundos, nos puso delante de la cara un pedacito de cartulina que sostenía pusilánime, como si fuera radioactiva, en la pinza del índice y el pulgar. Era una foto de carné que Marion le había hecho en la máquina de fotomatón del pasillo. Se trataba de un retrato muy malo, como son todos ellos; llevaba una coleta y todo el pelo pegado hacia atrás, como alisado (nada de aquel enorme montón de rizos), y habían transcurrido cinco años, pero aun así me pareció reconocerla. Porque no solo era muy guapa, sino que, sobre todo, tenía una forma distinta de ser guapa. Una combinación inusual de rasgos únicos. Era aquella chica, la del novio mentiroso y la noche extraña.

Y ahí fue cuando me aterré.

Tuvimos que rehacer todos los formularios, anular el carné de la impostora, crear un nuevo documento identificativo para mí, esta vez con mi foto. A continuación fui a denunciar el asunto a la seguridad del campus y después, a la policía de Wellesley. Los trámites nos llevaron todo el día y, cuando Joy volvió a dejarme en casa, me sentí tan enferma de miedo, desaliento y vértigo que me metí en la cama tiritando y no salí de ella hasta dos días más tarde para ir directamente a mi primera clase, que resultó bastante calamitosa. Compañeros del periódico me pusieron de nuevo en contacto con un comisario español, con el que hablé por teléfono; me dijo que era raro pero que no parecía peligroso; interrogada por él, recordé que había contado todo lo relativo al curso de Wellesley College, incluso el día en que volaría a Estados Unidos, en una larga, amistosa y graciosa entrevista que me habían hecho un mes antes en la SER, en un programa matinal de mucha audiencia. «Es eso —dijo él—, seguro que te escuchó y que se preparó con tiempo la sorpresa... lo que indica que tiene pasaporte, y visado, y dinero suficiente para viajar. Déjame ver si podemos encontrar algo.» Me aferré a sus palabras, me concentré en el curso y terminé, mal que bien, disfrutando del viaje de forma moderada, aunque siempre iba mirando alrededor y pedía que me acompañaran por la noche a casa. En toda mi estancia en Boston no volví a tener ningún problema, si exceptuamos que en mi regreso a España me detuvieron en el control de pasaportes del aeropuerto (mi nombre constaba en la denuncia que puse a la impostora). Tuve que telefonear a Joy, que a su vez recurrió a la embajada. Estuve en un tris de perder el avión.

Tras aquello, eclipse total. Durante mucho tiempo no volví a saber nada.

Pero ahora déjame que te cuente algo fascinante que acaba de ocurrir. Estoy escribiendo todo esto sobre una impostora de hace casi cuarenta años cuando me llama mi amiga Myriam Chirousse (sí, la del incendio en su casa) y me dice muy extrañada: «Pero ¿qué haces en Andalucía? No sabía que ibas a viajar». No estoy en Andalucía y no entiendo de qué me habla. Entonces ella me manda una foto de la pantalla de su ordenador. Es de una cuenta de Instagram, supuestamente de mi Instagram, y alguien que se hace pasar por mí acaba de colgar lo siguiente: «Os mando un saludo desde andalucía (sic) ya que estoy aquí de vacaciones para despejarme un poco e inspirarme para seguir escribiendo... me estoy encontrando a mí misma más que nunca». Horror, yo nunca hubiera dicho algo así. Reviso las entradas anteriores: a veces copia párrafos míos, a veces pone cosas absurdas. En cualquier caso, siempre habla como si fuera yo. Resulta inquietante. Espantada, corro a mi Instagram para denunciarla y compruebo con total consternación que no puedo añadir ningún texto a mi cuenta. Que la tengo bloqueada y tan solo consigo subir fotos. Ya en pleno frenesí, me pongo a escribir mensajes a mano sobre una cuartilla que luego fotografío y publico, y de este modo logro explicar lo que está ocurriendo. Se organiza un pequeño revuelo, los seguidores denuncian a la otra a Instagram, yo vuelvo a instalar la aplicación y al fin recupero mi cuenta. En cuanto a la de la usurpadora, ahí sigue abierta mientras escribo esto, pero la ha vaciado de contenido.

Esto es increíble, soy Rosa Montero, Instagram no me deja colgar ningún texto, he debido ser hackeada por ████████, ¿alguien sabe qué puedo hacer para recuperar mi cuenta? Estoy desesperada

Las coincidencias coinciden, como decía el pobre Paul Kammerer, un biólogo austriaco que allá por 1920 fue uno de los científicos más famosos del mundo. Era evolucionista y seguidor de las teorías de Lamarck, el cual sostenía que la función creaba al órgano, esto es, que los seres vivos podían cambiar algunos de sus rasgos para adaptarse al medio y después transmitir esas adaptaciones a sus descendientes, mientras que Darwin decía que las mutaciones eran casuales y no tenían ningún sentido, y que lo que sucedía era que aquellos que, por puro azar, habían recibido las mutaciones más provechosas, tenían más posibilidades de sobrevivir y de que su progenie se impusiera. Y en eso consiste la selección natural, en el triunfo del más apto. En la disputa entre Lamarck y Darwin, este último arrasó, y dejó a Lamarck convertido en un trasto poco menos que obsoleto, si bien ahora la epigenética, es decir, el

lidades. Al austriaco le apasionaban las coincidencias y había empezado a coleccionarlas a los veinte años. Es decir, las anotaba todas. Dos décadas más tarde publicó un libro titulado *La ley de la serialidad* en el que reproducía un centenar de esas coincidencias, la mayoría aburridísimas, del tipo: recibo carta de un amigo con quien no hablo desde hace diez años y esa misma tarde me tropiezo en la calle con su hijo, a quien no veo desde hace siete años. Lo más interesante es la teoría misma: sostiene que hay una ley física general que hace que el universo tienda a la unidad, una fuerza de atracción que podría ser comparable a la de la gravedad pero que, en vez de atraer masas, atrae hechos, formas, personas, objetos o situaciones semejantes. De manera que, además de tender hacia la entropía, esto es, al desorden, como señala la segunda ley de la termodinámica, el universo también tendería, según Kammerer, hacia el orden y la armonía. Hacia la perfecta simetría de los cristales y los fractales. Y las coincidencias tan solo serían una consecuencia de esa fuerza invisible. Cuando salió, el libro fue un éxito, cosa que no me extraña, porque es una idea muy consoladora; incluso el mismo Einstein declaró que la teoría no era nada absurda. Pero seis años más tarde llegaron los sapos entintados, el escándalo y el disparo final, y *La ley de la serialidad* se hundió en los abismos de la desmemoria junto con su creador. Era una propuesta elegante

broso magnetismo que empieza a irradiar la obra, haciendo que el mundo exterior coincida cada vez más con el mundo imaginario. Es como vivir dentro de la vibración de un diapasón y que el universo entero fuera ajustándose más y más a esa nota. Te voy a contar un ejemplo alucinante: mientras escribía *Historia del Rey Transparente*, una novela que transcurre en el siglo XII, me atasqué por no saber el nombre de una especie de verdugo de malla que se ponían los guerreros debajo del casco (aún no se podía googlear nada de esto). La palabra era importante en la escena, y su carencia me expulsó de mi libro y de la alegría con la que tecleaba. Desesperada, me levanté de la mesa de trabajo y me puse a dar vueltas por la casa como un escualo, intentando idear una manera de encontrar el maldito dato. Porque, además, las corazas fueron cambiando mucho con las épocas, y las del siglo XII, por ejemplo, no tenían nada que ver con las del siglo XIV, y con esto quiero decir que buscaba un término muy preciso y muy difícil de localizar en el desconectado mundo previo a la búsqueda algorítmica. En mi vagar nervioso por la casa entré en mi dormitorio y, preocupada, me dejé caer encima de la cama. Para pensar en otra cosa agarré de encima de la mesilla el último ejemplar de la revista *La Aventura de la Historia*, una publicación mensual a la que estaba suscrita y que me acababa de llegar. La abrí con desgana por la mitad, porque seguía obsesionada con la palabra. Y justo ahí, en la página de la izquierda, venía una ilustración que detallaba las diferentes partes que servían para proteger la cabeza en el siglo XII. Repito: el dibujo no solo trataba del blindaje de los guerreros medievales y no solo se centraba en las piezas que recubrían el cuello y la cabeza, sino que además se refería a las armaduras del maldito siglo XII. Justo todo lo que yo necesitaba. Almófar. Se llamaba almófar. No me digas que no es una coincidencia deslumbrante.

Y añadiré algo más: todos estos años he recordado, en efecto, que cogí la revista y la abrí al tuntún, por cualquier sitio, y que ahí había aparecido, como en una magia formidable, el dibujo salvador. Pero, como no me fío en absoluto de mi propia memoria, que es un hervidero de invenciones, pensé que se trataba de un recuerdo falso, de un adorno de mi imaginación, un redondeo. Es decir, supuse que habría estado hojeando la publicación y que en algún momento me topé con eso, lo cual seguía siendo extraordinario. Cuando me mudé de casa la última vez, hace doce años, me desprendí, entre otras muchas cosas, de aquellas revistas. Pero ahora, al volver a escribir sobre todo aquello, me ha picado la curiosidad y he buscado ese ejemplar por internet (el número 63, correspondiente a enero de 2004) y lo he comprado. Me acaba de llegar y ¿sabes qué? La revista se abre ella sola por la ilustración, porque justo la página de al lado es una lámina desplegable.

La coincidencia actual con la usurpadora de mis redes no llega a alcanzar ese grado de perfección en lo imposible que posee la historia del almófar, pero también resulta chocante. Escribo y pienso y recuerdo y recreo una historia de impostura, y de pronto aparece de la nada una impostora real. Que, además, y mientras se hace pasar por otra persona, dice: «Me estoy encontrando a mí misma más que nunca». Me conmueve y me apena, por eso he velado el nombre de la suplantadora en mi mensaje manuscrito. No sé quién es y espero no volver a saber más de ella. De lo único de lo que estoy segura, eso sí, es de que esta vez no puede tratarse de Bárbara. Mi Bárbara.

ello. Pero lo que tengo claro es que, para que se dé una creatividad productiva, es decir, para que se construya esa manera precisa de ser persona que conduce a la obra, sea esta buena o mala, hace falta que coincidan un buen número de factores. Hay una tormenta perfecta detrás de cada libro, de cada escultura, de cada cuadro y cada canción.

Ya hemos visto unos cuantos de esos elementos esenciales: la mayor disociación y la conciencia clara de la multiplicidad; la obsesión con el paso del tiempo y con la muerte; el contacto temprano con la decadencia y con la pérdida; la dualidad defensiva frente al trauma, con un yo que sufre y otro yo que sabe todo y no siente nada; la necesidad, sin embargo, de haber sido alguna vez lo suficientemente amado; la madurez precoz del niño entomólogo y, como consecuencia, una infancia demasiado adulta; la inmadurez, por el contrario, del adulto (una inmadurez fisiológica, química, cerebral); las posibles desconexiones momentáneas; la sensación de impostura, también en los afectos, porque el entomólogo, ya está dicho, no siente; la imaginación frondosa y paralela, a ratos fatigosa y dolorosa; la tendencia a una hipersensibilidad emocional y sensorial; y, sin duda, una mayor predisposición a los trastornos psíquicos.

Hay un libro precioso sobre todo esto que leí hace mucho y ahora he releído: *El genio y la locura*, del psiquiatra francés Philippe Brenot. Se publicó en 1997, mucho antes de los trascendentales avances de

Sigamos con el test *philippino*: «El alejamiento del mundo se impone como una necesidad de la creación». Marcado: cada vez que puedo, me escapo de Madrid y paso semanas aislada y completamente sola, escribiendo. Como ahora. «El creador tiene horarios nocturnos.» Clic, marcado también. Y yo añadiría: por debajo de ello creo que subyace un cierto miedo a morir, es decir, a la pequeña muerte del dormir; y a dar por terminado un día más en el trayecto hacia la nada; y quizá también a los terrores nocturnos de la duermevela. Menciona Brenot a noctámbulos famosos, como Victor Hugo, Baudelaire, Goya, Maupassant, Flaubert, Rimbaud y por supuesto Proust, del que ya hemos hablado, o Miguel Ángel, que pintaba toda la noche a la luz de una vela colocada sobre un casco de cartón. Yo añadiría a unas cuantas mujeres (en esto sí se nota que el libro del psiquiatra tiene unos años: en nuestra clamorosa ausencia), como Agatha Christie, que consiguió producir sus setenta y nueve novelas y diecinueve piezas teatrales gracias a un ordenadísimo desorden: escribía todas las noches hasta casi el amanecer y se levantaba al mediodía. También Sylvia Plath redactó sus mejores poemas, los últimos, en alucinados arrebatos nocturnos. Y las maravillosas Brontë, Anne, Emily y Charlotte, se reunían en la pequeña sala de la rectoría en la que vivían después de que se acostaran el padre y el hermano; y entonces apagaban las velas y ahí, tan solo iluminadas por el mudable fulgor de la chimenea, empezaban a caminar muy deprisa alrededor de la sala, recitándose poemas las unas a las otras e inventando escenas para sus novelas. Toda una fantasmagoría de fuego y de sombras. Qué increíblemente hermosas eran esas tres hermanas de físico poco agraciado; qué potencia la suya, cómo ardían. Consiguieron dejar una obra memorable, aunque murieron a los veintinueve (Anne), treinta (Emily) y treinta y ocho años (Charlotte). Agonizando de tuberculosis, Emily, que era la más dotada, escribió en uno de sus últimos poemas: «Sí, mis días corren veloces a su fin; / esto es todo lo que pido: / en vida y muerte un alma libre / y valor para aguantar». Lo firmo.

Pero volvamos a las polaroids. Habla Philippe Brenot de la tendencia a las extravagancias, a las manías, a ciertas peculiaridades en el comportamiento, como, por ejemplo, Rousseau, que era masoquista y exhibicionista. Ya hemos mencionado antes las rarezas. Y dice el psiquiatra: «Parece razonable pensar que esa creatividad es la expresión de una estructura estrafalaria de personalidad de la que proceden, además de la obra, las dificultades de la vida». Pues clic también, qué demonios. Algo paralela soy, sin duda alguna. Hace un par de años, precisamente, mientras estaba escribiendo mi última novela, *La buena suerte*, me asaltó una especie de revelación, una epifanía sobre mis libros: me di cuenta de que todos mis personajes son extravagantes, poco comunes, en efecto bas-

conozco ese aguante en otros colegas. Es esa vitalidad feroz de las Brontë dando vueltas en la sala por las noches. O la inhumana fortaleza de Marie Curie durante toda su vida. ¿Y qué decir de la brutal potencia de Picasso? Firmó 13.500 cuadros, otros tantos dibujos, 2.500 grabados, cien cerámicas y setecientas esculturas. En un libro de consejos para los que quieren ser escritores, Ray Bradbury sostiene que el ingrediente más importante es el entusiasmo, «pues el primer deber de un escritor es su efusión: ser una criatura de fiebres y arrebatos». De ese incendio interior hay más cosas que decir, piezas esenciales del reloj que irán apareciendo más adelante. Baste por ahora con señalar que esa intensidad nos es tan necesaria que, si algún día momentáneamente se apaga, la vida resulta inhabitable. O esa es al menos mi teoría. El creador, dice Brenot, «despliega una energía considerable para luchar contra una parte de sí mismo que quisiera rendirse ante la adversidad». Si la adversidad logra ganar, entra la Muerte, con sus pies de fieltro y su mirada amarilla. Hablo del suicidio, tan común sobre todo entre los escritores. Ya llegaremos a eso. Todo llega.

LA MUSA MALVADA

Créeme, los artistas son por lo general unos
adictos. Puede que se controlen (yo lo intento),
pero el temperamento adictivo está ahí (por ejemplo, fumé tres paquetes de tabaco al día durante
veinte años). Los artistas se drogan para mantener
el fuego interior, la energía que se devora a sí misma; y para desinhibir aún más esa corteza prefrontal ya de por sí desinhibida, como decía Dierssen.
Para facilitar la asociación de ideas; para fomentar
las emociones. Para acallar al yo consciente, que es
el mayor obstáculo que existe contra la creatividad, un miserable enemigo íntimo que te susurra
venenosas palabras al oído: no puedes, no sabes,
no vales, no lo vas a conseguir, todos los demás son
mejores que tú, eres una impostora, vas a hacer el
ridículo, ríndete de una vez a la adversidad. En
realidad, crear es como hacer el amor, o como bailar en pareja; yo, que soy de la generación hippy,

nunca aprendí a bailar agarrado y lo hago mal. Pero a veces estoy intentándolo con alguien y sucede un prodigio: de pronto me doy cuenta de que llevo un buen rato sin pisarlo, moviéndome al unísono de mi compañero con la ondulada ingravidez de las algas mecidas por las olas. Eso sí, justo en el momento en que me hago consciente de ello, pierdo el ritmo, tropiezo, se acaba la danza milagrosa. Ocurre lo mismo con el sexo: para que sea bueno debe mandar el cuerpo (ahora que lo pienso, de estos dos ejemplos se extrae un gran consejo: apaga la cabeza cuando te abraces a alguien). Y el caso es que en el proceso creativo pasa lo mismo. Para bailar bien, para hacer bien el amor y para escribir bien hay que anestesiar al yo controlador. Y las drogas ayudan.

Sí, ayudan al principio, pero después destruyen y matan. La historia del arte en general y de la literatura en particular está llena de alcohólicos, opiómanos, cocainómanos y yonquis de todo tipo de porquerías. Y el proceso es siempre semejante: la musa química primero acaba con la obra y luego, con el autor. «Entonces estuve borracho durante muchos años y después me morí», dejó escrito en un cuaderno Scott Fitzgerald.

Curiosamente, una droga que tuvo su momento entre los creadores fue el café: Voltaire se tomaba cincuenta cafés al día, Balzac cuarenta y Flaubert combinaba decenas de ellos con vasos de agua helada. Nietzsche era adicto al cloral, un sedante

derada una sustancia extraordinaria: el mercado se inundó de pastillas, jarabes y elixires de coca. A Julio Verne le parecía «un tónico maravilloso». El joven y emprendedor Mark Twain pensó en montar un negocio que consistía en ir al Amazonas a recolectar coca «y comerciar con ella en todo el mundo». Durante meses estuvo dándole vueltas al proyecto e incluso se puso en camino en dirección a Perú con un billete de cincuenta dólares que encontró en la calle, pero solo llegó hasta Nueva Orleans. Esta genial historia la cuenta Sadie Plant en su fascinante libro *Escrito con drogas*. También dice que, según algunos autores, las visiones de santa Teresa de Jesús y otros místicos podrían estar facilitadas por sustancias psicoactivas, como el cornezuelo del centeno. El cornezuelo es un hongo que ataca a los cereales; comer la harina infectada provoca una enfermedad llamada fuego de san Antonio que fue bastante común en la Edad Media y que produce síntomas terribles: convulsiones, demencia e infecciones gangrenosas mortales. Pero, si se toma en poca cantidad, lo que provoca son alucinaciones. El cornezuelo tiene un alcaloide, la ergolina, a partir del cual se sintetizó el LSD en 1938. Y antes ya se había extraído de ahí la ergotamina, un medicamento para la jaqueca que he tomado en grandes dosis durante toda mi vida (esto no tiene nada que ver con la historia: tan solo es que me he quedado patidifusa). Yo ya había leído en otros autores la probable influencia del cornezuelo del centeno en pintores como el Bosco (ese delirio abigarrado), pero desconocía lo de los místicos. Y hay algo aún más impactante que cuenta Sadie Plant: al parecer hay un autor, John Man, que menciona la coincidencia de algunos acontecimientos históricos con momentos climáticos favorables a la proliferación del cornezuelo, que quizá provocara una suerte de alucinación colectiva. Y señala la persecución de brujas en Massachussets en la década de 1690 (las famosas brujas de Salem) y el periodo del Terror de la Revolución francesa.

Aún nos resta por mencionar las otras drogas, los barbitúricos de Truman Capote, las anfetas de Philip K. Dick... Aunque, más que del artista, las anfetaminas han sido la droga preferida del político: Kennedy, Churchill, el primer ministro británico Anthony Eden... Y Hitler, que se inyectaba metanfetamina ocho veces al día. Otros escritores probaron con la mescalina, como Jean-Paul Sartre, que se pasó años viendo crustáceos que le perseguían; o con el peyote y, sobre todo, el LSD, la droga de Timothy Leary y sus pirados, pero que también fascinó a Aldous Huxley, que sostenía que necesitaba colocarse «para poder acceder a la vida inconsciente» (justo lo que estábamos diciendo), y que hizo algo que siempre me espeluznó: estaba agonizando de un cáncer de laringe y le pidió a su esposa, por escrito porque ya no podía hablar, que le inyectara LSD en los momentos finales. Y eso hizo ella. O sea que Huxley murió en medio de un viaje de ácido; se negó a usar morfina porque decía que quería fallecer con la mayor claridad mental posible. Aunque, hija como soy de la época lisérgica, no sé si a eso se le puede llamar verdaderamente claridad mental.

Pero la droga reina del artista y muy en especial del literato es el alcohol. «La bebida realza la sensibilidad. Cuando bebo mis emociones se intensifican y las pongo en un relato. Los relatos que escribo cuando estoy sobrio son estúpidos. Todo aparece muy racionalizado, sin ningún sentido», dijo Scott Fitzgerald a una amiga en los comienzos de su descenso a los infiernos. Por cierto, el oxímoron de la última frase de Scott me parece precioso: cuanto más se usa la razón en el arte, menos sentido tiene todo. Es lo que decíamos antes de anestesiar el yo.

El alcohol es la plaga mayor de los escritores, en especial durante el siglo xx. De los nueve premios nobel de literatura norteamericanos nacidos en Estados Unidos, cinco fueron desesperados alcohólicos: Sinclair Lewis, Eugene O'Neill, William Faulkner, Ernest Hemingway y John Steinbeck. A los que hay que añadir decenas de autores más, entre ellos Jack London, Dashiell Hammett, Dorothy Parker, Djuna Barnes, Tennessee Williams, Carson McCullers, John Cheever, Raymond Carver, Robert Lowell, Edgar Allan Poe, Charles Bukowski, Jack Kerouac, Patricia Highsmith, Stephen King, Malcolm Lowry... Los estadounidenses se han dado una maña increíble para matarse a tragos, pero no son los únicos, desde luego; ahí están también Dylan Thomas, Jean Rhys, Marguerite Duras, Oscar Wilde, Ian Fleming, Françoise Sagan... Y no estamos hablando de tomarse algún día unas copas de más, sino de verdaderas hecatombes personales, *delirium tremens*, destrucciones masivas de la vida. El noruego Knut Hamsun, que ganó el Nobel en 1920, acudió a la ceremonia de entrega tan atrozmente bebido que golpeó con los nudillos el corsé de la autora sueca Selma Lagerlöf (también premio nobel) y, tras soltar un eructo, gritó: «¡Lo sabía, sabía que sonaba igual que una campana!». El maravilloso poeta británico Dylan Thomas, que murió con treinta y nueve años a causa de la bebida, le dijo a su mujer muy cerca del final: «Me he tomado dieciocho güisquis seguidos. Creo que es un buen récord». A los treinta y siete años, Faulkner desayunaba dos aspirinas y medio vaso de ginebra para detener el temblor de manos y poder ducharse y afeitarse. Cogía borracheras que le duraban una semana, a lo largo de la cual vagaba desnudo por los pasillos de los hoteles o desaparecía. En una de esas ausencias alcohólicas se desmayó en calzoncillos sobre una tubería de agua caliente y se quedó ahí hasta que el conserje derribó la puerta. Para entonces tenía en la espalda una quemadura de tercer grado. El alcoholismo de Faulkner hizo que le hospitalizaran varias veces y lo sometieran a repetidos electrochoques. A Hemingway, que llegó a tomarse dieciséis daiquiris de un tirón, también le aplicaron alrededor de una docena de choques eléctricos.

Algunos autores consiguen dejarlo antes de matarse, como el nobel O'Neill, que se retiró del trago a los treinta y ocho años, o como Stephen King, tras haberse metido de todo en la década de los ochenta: «Me tomaba veinticuatro o veinticinco latas de cerveza al día y además todo lo que pueda imaginarse: cocaína, Valium, Xanax, lejía, jarabe para la tos...». Y Bukowski repite una y otra vez con horror en su libro autobiográfico *La enfermedad de escribir* que, tras pasarse siete u ocho años «solo bebiendo», fue internado en el ala para pobres del hospital general, con el estómago perforado y vomitando sangre. Estuvo a punto de morir, pero lo que más le espantaba era lo de haber acabado en el ala para pobres; evidentemente lo consideraba la mayor degradación de su vida. Después de aquello solo bebió cervezas, un recurso típico del alcohólico, con las cuales también se cogía sus cogorzas, pero menos graves. En su libro de relatos autobiográficos *Manual para mujeres de la limpieza*, la norteamericana Lucia Berlin retrata de una manera maravillosa y estremecedora, como jamás he visto en otro lado, lo que es ser una alcohólica.

Curiosamente en el mundo anglosajón siempre se han reconocido de manera más abierta esos problemas con la bebida. Quizá porque durante mucho tiempo incluso fueron mitificados, como si las borracheras te hicieran mejor escritor. Algo de eso hubo también en España en la generación de mis mayores, de los escritores que tenían cuarenta y cinco o cincuenta años cuando yo tenía veinte: los he visto beber con bárbaro entusiasmo y alardear de la hermandad del alcohol y el talento creativo. Pero en nuestra cultura esas cosas se esconden bajo la alfombra, como si no debieran nombrarse. Hay un ensayo titulado *Alcohol y literatura*, publicado en 2017, en el que el autor, Javier Barreiro, se atreve a dar nombres españoles y latinoamericanos. Unos casos que, por otra parte, todos los que nos dedicamos a esto conocemos: Juan Benet, Caballero Bonald, Dámaso Alonso, Alfonso Grosso, Fernando Quiñones, Gil de Biedma, Carlos Barral o la gran Ana María Matute, que pasó unos años malos y luego se rehízo. Y entre los del otro lado del océano, Juan Carlos Onetti, Alfredo Bryce Echenique, Juan Rulfo, José Donoso, Pablo Neruda o Guillermo Cabrera Infante. Recuerdo una entrevista que le hice al poeta español Leopoldo María Panero mientras estaba internado en un psiquiátrico, creo que en Ciempozuelos. Le dejaron salir del hospital y nos pasamos un par de horas charlando en un bar del pueblo mientras él bebía sin parar, con avidez chocante, un montón de cervezas sin alcohol una tras otra, sorbiendo agónicamente ese 0,5 % alcohólico que tenían todas las cervezas *sin* por entonces.

la, es decir, que te lean. Que los otros la comprendan y la acepten.

Ser novelista es, en realidad, una actividad bastante rara, casi diría yo que estrafalaria. Consiste en pasarte una cantidad de tiempo enorme, dos años, o tres, o los que sean, encerrada a solas, en una esquina de tu casa, inventando mentiras. Es decir, inventando a un ruso pelirrojo que no existe, con unos zapatos de charol que no existen, que abre una puerta de madera de nogal reforzada con barras de hierro que no existe. Y en imaginar esa tontería inviertes lo mejor de tu existencia. Tus horas más privadas. Dejas en buena medida de leer, de ir al teatro o a un concierto, de ver una serie, de pasear con tus perros por el monte, de salir con los amigos, de mimar a los amados. Robas tiempo a todas esas actividades placenteras para enterrarlo en el maldito ruso pelirrojo. Y al cabo de esa travesía alucinada, sacas a la calle el libro y esperas, aguantando el aliento, que alguien lo lea. Que alguien diga: pues a mí me ha interesado, te he entendido, he vibrado con las mismas emociones que tú, he visto el mismo mundo que tú has visto. Porque, si no te leen, si lo que has escrito no gusta, ¿en qué se quedarían convertidos esos dos o tres años de obsesión por los zapatos de charol y las puertas de nogal reforzadas con hierro? Pues, pura y simplemente, en el delirio de un loco. Por eso los escritores somos unos seres tan menesterosos de la mirada ajena; por eso parecemos vanidosos, buscando siempre el aprecio y el halago; por eso somos tan terriblemente frágiles ante las críticas (como señaló el experimento del neuregulin-1). Porque nos jugamos la aceptación en el mundo, la posibilidad de ser *normales*, la supervivencia y la cordura. Era lo que decía John Nash cuando hablaba de Zaratustra. Si cuentas con seguidores, si hay gente que piensa como tú, todo funciona.

Creo que casi todos los novelistas tenemos la intuición, la sospecha o incluso la certidumbre de que, si no escribiéramos, nos volveríamos locos, o nos descoseríamos, nos desmoronaríamos, se haría ingobernable la multitud que nos habita. Sin duda sería una existencia mucho peor. O quizá incluso ni llegara a ser una existencia. El autor español Ray Loriga pasó recientemente por una dura prueba de salud: un tumor benigno le dañó parte del cerebro. Fue intervenido quirúrgicamente y está bien, aunque tuvo que volver a aprender a andar y a hablar y ha perdido la visión de un ojo. Digo todo esto para que comprendas la gravedad del caso. Pues bien, cuando, después de una tremenda operación que duró horas, Ray llegó a la UCI y recuperó mínimamente el sentido, lo primero en lo que pensó no fue en si podría volver a caminar o no, sino en si sería capaz de crear una historia; y entonces se puso a imaginar a un señor que salía de su casa y hacía tal y cual cosa, y cuando vio que, en efecto, aún podía seguir inventando, ahí fue cuando se relajó: «Porque, si dejo de escribir, me muero», me dijo hace poco en un bar, con un ojo tapado por un parche pirata y el otro chisporroteando de vida, del juego de la vida, del inmenso juego salvador de la escritura.

De modo que creo que publicar mis novelas, mis pequeños delirios controlados (el psiquiatra Brenot dice que la obra es «una intuición delirante autoproducida»), y lograr lectores que los acepten, comprendan y aprecien me sujeta a la tierra, me cose con los otros y por consiguiente con la realidad, impide las crisis de despersonalización. Y esto es algo que me parece que nos sucede a todos (ya sabes, verdad número uno); Bukowski le escribió a un amigo: «Me publicarán otro poema en el número de septiembre. No está nada mal, y así tendré ganas de vivir tres o cuatro semanas más. Te lo cuento porque me hace feliz a mi manera y estoy bebiendo cerveza. No me interesa tanto la fama como la sensación de que no estoy loco y de que las cosas que digo se entienden». Y también dijo: «No paro de escribir poemas y más poemas. Si no fuera por esta válvula de escape, sería un suicida o me estaría poniendo hasta el culo de pastillas en el manicomio más cercano».

Hay un personaje enorme y trágico en la literatura contemporánea española, y es Carmen Laforet, que, en 1945, a los veintitrés años, publicó una primera novela prodigiosa, *Nada*. Tenía un talento descomunal, pero el machismo de la sociedad franquista en la que vivía, un mal matrimonio, la represión de sus tendencias homosexuales y sus problemas psíquicos y neurológicos (quizá fuera bipolar, y no se sabe si tuvo un alzhéimer temprano u otra dolencia degenerativa) hicieron que su vida fuera un continuo y penoso decaer. Muy pronto dejó de escribir y después dejó de *poder escribir*: ni siquiera era capaz de firmar un cheque. A los sesenta y cinco años empezó a hacer palotes junto a su nieta para volver a aprender a dibujar las letras, pero ya era demasiado tarde. Poco después la devoró el silencio. Cuando falleció en 2004, a los ochenta y dos años, llevaba tres sin decir ni una palabra. Aunque esto no es del todo exacto: en 2002, cuando ya hacía un año que no hablaba y casi cuarenta que no escribía, le contaron que había sido propuesta para el premio Príncipe de Asturias. Y entonces Laforet resucitó, emergió por un instante de la ausente sima de su deterioro y dijo con expresión vivaz: «¿A mí?». No añadió nada más, pero durante algunas horas se la vio contenta. Ahora bien, esta anécdota terrible puede ser interpretada como un ejemplo de la suprema vanidad de los artistas y de un narcisismo tan poderoso que sería capaz de sobrevivir en una mente en ruinas. Pero me parece que es justo lo contrario, y que esa necesidad de reconocimiento nace de una colosal inseguridad. Lo que le dio literalmente la vida a Laforet (un segundo de vida, por lo menos) fue la noticia de que alguien la leía y la entendía. Saber que la miraban y aprobaban fue un beso principesco que despertó por un instante a la Durmiente.

Y esto es algo que sucede con todos los artistas. Hace poco leí en un portal de noticias, nickiswift. com, una larga pieza sobre Angelina Jolie firmada por Phil Archbold que me dejó pasmada. «Esto va a sonar demencial, pero hubo un tiempo en el que pensé en contratar a alguien para que me matara —dijo la actriz en una entrevista—. Porque con el suicidio siempre está toda esa culpabilidad de la gente que te rodea, que piensan que podrían haber hecho algo. Sin embargo, cuando alguien es asesinado, nadie se siente personalmente culpable.» Por fortuna, al cabo de un mes «hubo otras cosas que cambiaron en mi vida y de nuevo sobreviví». Pues bien, lo que por lo visto la salvó fue su primer gran éxito, la película para televisión *Gia* (1998), con la que ganó un Globo de Oro: «De pronto parecía que la gente me entendía. De algún modo la vida cambió».

«¡Si hubiera solo una de mis historias que os gustara a todos!», clama el protagonista del relato *El Kulterer*, de Thomas Bernhard, una metáfora maravillosa sobre la escritura. El Kulterer es un pacífico preso que lleva años encarcelado y que se ha ganado, con su carácter modesto, cierto aprecio de los otros reclusos y de los funcionarios. Lleva mucho tiempo escribiendo ficción, pero su manera de hacerlo es peculiar, porque la inspiración le sobreviene por las noches y lo despierta. Pero el

hombre no quiere encender la luz para no moles-
tar a sus compañeros, así que apunta sus ideas a
tientas, entre tinieblas, y se las lee a la mañana siguiente a los colegas. El Kulterer considera que sus
historias son tristes e insignificantes y su gran
sueño estriba, como he dicho antes, en gustar un
día a todos; no obstante, el sistema funciona de
manera aceptable hasta que le avisan de que va a
ser puesto en libertad. Bueno, como te vas a marchar pronto, le dicen los compañeros, no te preocupes por molestarnos y de ahora en adelante
enciende la luz, no sigas escribiendo a ciegas. Pero
el Kulterer contesta que, con el paso del tiempo, se
ha ido acostumbrando a escribir así: «Además,
solo cuando está oscuro se me ocurren mis historias». Y es que, para él, el verdadero problema no
es la falta de luz, sino el hecho de salir de la cárcel,
una perspectiva que le aterroriza: «Temía, en libertad, despojado de la ropa del establecimiento penitenciario, no poder escribir ya, no poder pensar
ya; temía, al ser expuesto salvajemente a la existencia libre, no poder existir ya. Temía positivamente
que lo fantástico de esos milagros que había inventado en su impotencia se destruyera de un momento a otro, de pronto, al dar el primer paso
fuera del establecimiento penitenciario». Escribir
es un milagro poderoso que, paradójicamente,
nace de la impotencia, y que permite a quien está
preso de sí mismo (de su cabeza fallida, de su neu-
rosis, de un mundo irreal) construirse una existen-

dentro de la crisis, es otro de esos testimonios desde el epicentro de la psicosis, como *Inferno*, de Strindberg. Y qué mal cae la pobre Kate Millett en esas páginas: su narcisismo, su megalomanía, su paranoia, su agresividad creciente e intratable. «¡Yo nunca he estado loca!», escribe enfáticamente en pleno vuelo. Termina siendo detenida e internada a la fuerza y desde ese tormento, desde la brutalidad de la hospitalización psiquiátrica, escribe las páginas más conmovedoras: «¿Cómo puedes cagar sin puerta? Pues así. Y si pasa alguien pones cara de buena o de loca desesperada. Verte reducida a esto requiere grandeza». Pide cuartillas para escribir en el sanatorio pero se las niegan, de modo que empieza a llenar de anotaciones el papel higiénico, en secreto y con letra diminuta. La atiborran de píldoras: «Nada cuesta más que mantenerse cuerdo contra la arremetida de los fármacos». Teme, con razón, que le den electrochoques, y también perder sus derechos para siempre: «Estaré bajo la tutela de alguien [...] veo mi vida paralizándose por una detención y la depresión que seguirá, la vergüenza, la posibilidad real de no volver a estar libre». Como siempre, como todos los artistas, para sobrevivir se aferra a la creación: «Tienes que escribir para salir de esta. Solo el trabajo te permitirá conseguirlo [...]. Trabajar te salvará, no esas asquerosas píldoras y decirte que estás loca». Y más adelante dice, igual que me dijo Ray Loriga: «Preferiría morir antes que dejar de ser artista, dejar de producir, escribir, pintar». Sí, me temo que es posible que una *cura* demasiado drástica silencie al creador. De hecho, la neurocientífica Mara Dierssen cierra su libro con una pregunta inquietante: «¿Qué habría sucedido si muchos de esos genios se hubieran tratado con nuestros métodos terapéuticos actuales? Nunca sabremos si todas las obras producto de su estado mental se hubieran realizado». Aunque también cabe preguntarse si, en casos extremos, uno puede llegar a preferir la salud a la obra. ¿Habría escogido Van Gogh ser menos genial y no sufrir tanto?

En cualquier caso, la observación de Dierssen es muy interesante. Por ejemplo: ¿habría sido Dostoievski el enorme escritor que fue sin padecer la terrible epilepsia que tenía? Su primer gran brote fue en 1846, a los veinticinco años. A los veintiocho fue apresado y condenado a muerte por subversivo, aunque solo cumplió cinco años de trabajos forzados en Siberia mientras sus ataques empeoraban. De entrada, la gravedad de sus ataques le libró de ser condenado a servir de por vida en el ejército del zar, lo cual sin duda le hubiera impedido escribir. Parece ser que la epilepsia de Dostoievski era de tipo extático, sin pérdida de consciencia durante las convulsiones, en las que experimentaba un sentimiento de armonía suprema, de clarividencia y espiritualidad (es la epilepsia de los místicos, muy probablemente la de santa Teresa de Jesús). Ese sentido agudo de la existencia le pro-

los usos psiquiátricos tiende a creer que el electrochoque es una terapia bárbara y obsoleta que ya no se utiliza en ningún lado. Nada más erróneo: Carrère sufrió esos tratamientos en 2019 y en Francia. El electrochoque se sigue usando de forma habitual (aunque ahora lo llamen, eufemísticamente, *terapia electroconvulsiva*) y los psiquiatras que lo aplican aseguran que es eficaz contra la depresión. Vale, puede ser, pero también suena bastante duro: «No hay palabras para expresarlo, lo que cuento parece horrible, pero en realidad era mucho más horrible, de un horror inefable», dice Carrère sobre sus sesiones. Y eso que actualmente el voltaje es inferior y al paciente se le administran relajantes musculares y anestesia. Antes, en los años salvajes de la psiquiatría, el electrochoque se aplicaba a pelo y con más potencia. Sin relajantes musculares, las convulsiones eran tan feroces que se dieron casos de roturas de vértebras. Sylvia Plath fue sometida a ese tormento en 1953, a los veintiún años. Cuenta la experiencia en su novela autobiográfica *La campana de cristal*, narrada por la protagonista, Esther, que es su *alter ego*:

> El doctor Gordon me puso una placa metálica a cada lado de la cabeza. Las ajustó en su sitio con una correa que se me clavaba en la frente, y me dio un alambre para que lo mordiera. Cerré los ojos. Se hizo un breve silencio, como una respiración contenida. Entonces algo cedió y se apoderó de mí

y me sacudió como si fuera el fin del mundo. Piii-iii-iii-iii aullaba, aullaba, a través de un aire cargado de luz azul, y con cada fogonazo una gran sacudida me machacaba, hasta que creí que se me rompían los huesos y la vida abandonaba mi cuerpo como la savia de un tallo roto. Me pregunté cuál era el horrible crimen que había cometido.

En la novela, la narradora solo sufre un electrochoque sin anestesia y varios más ya sedada. En la realidad, a Sylvia le aplicaron cuatro en vivo y, algo más tarde y con otro médico, cinco más con sedación. El nombre verdadero de ese brutal verdugo no era Gordon, sino Tillotson. El doctor Tillotson del Newton-Wellesley Hospital. Y no parece que el suplicio eléctrico ayudara mucho contra la depresión: en cuanto salió de las manos del torturador, Plath intentó suicidarse. El electrochoque empezó a usarse en los años treinta; espanta pensar en el sufrimiento atroz e innecesario de tantos pacientes en esas primeras décadas. Hombres y mujeres, aunque algunos sostienen que las mujeres lo padecieron más y que a veces se les aplicó por no encajar en el papel social que se les exigía. Incluso Jacqueline Kennedy fue internada por su marido y sometida a electrochoques cuando un día salió corriendo desnuda tras una enorme bronca con el presidente por sus infidelidades.

De modo que Carrère experimentó este tratamiento en unas condiciones mucho mejores, y aun así fue un «horror inefable». Cada vez que recobraba la consciencia, lo primero que veía era el dibujo de una playa en un cartel de una exposición de Dufy, y esa imagen se convirtió en algo muy traumático. Busqué el cartel en internet y quizá sea este:

Coincide la fecha y es una playa. Lo miro con fijeza e intento entender emocionalmente desde qué infierno de dolor puede ser ese dibujo una agonía. Pues bien, igual que Rilke, Carrère hizo algo con su miedo: «Se me ocurre una idea que me exalta: este mal que padezco puedo describirlo, ya que no curarlo. Es mi oficio. Es lo que siempre me ha salvado, a pesar de todo». De modo que se puso a redactar un libro, *Yoga*. Y, entre la aplicación de los electrochoques, «intentaba mantener sujeto mi ánimo errático y en ruinas zurciendo este relato».

Hay una historia maravillosa, el más bello ejemplo de cómo la creación te protege y puede librarte de algo peor que la muerte. Le sucedió a la neozelandesa Janet Frame (1924-2004) y prometí contártela al principio de este libro. Frame tuvo una niñez espeluznante; provenía de una familia sin recursos, tenía un padre maltratador y desde pequeña manifestó ciertos desequilibrios. A los veintidós años ingresó en un psiquiátrico; entró voluntariamente, pero la mantuvieron allí por la fuerza. Fue diagnosticada de manera errónea como esquizofrénica y le aplicaron electrochoques. Esto era a finales de los años cuarenta, de modo que me temo que también la frieron sin relajantes ni anestesia. Y así fue pasando el tiempo, entre el tormento de las electrocuciones y el aturdimiento de los fármacos, hasta que la dejaron salir en 1954. Se había pasado ocho años dentro. Poco antes de que abandonara la clínica sucedió el milagro que quiero relatarte. Los médicos habían decidido hacerle una lobotomía, un tratamiento salvaje por entonces en boga que consistía en cortarte parte del cerebro (por fortuna esto sí que ya no se hace). Frame se vio en las listas y su entrada en el quirófano era inminente cuando una tarde el doctor Blake Palmer, superintendente del hospital, hizo una insólita visita al pabellón en donde Janet estaba internada. Y, además, «para asombro de todos», se fue derecho hacia ella: «He decidido que continúe usted tal como está. No quiero que cambie. ¿Ha visto la última hora del *Star* de esta tarde?», le preguntó, desplegando el periódico que llevaba debajo del brazo. Por supuesto que Frame no lo había visto: en esa zona del hospital no estaba permitida la lectura. «Ha ganado usted el Premio Hubert Church al mejor trabajo en prosa. Por su libro *La laguna*». Era un volumen de cuentos, lo primero que la escritora había publicado. Janet se maravilló: «¿De verdad?». «Sí», contestó Palmer: «Vamos a sacarla de este pabellón. Y nada de lobotomía». No sé si habrá habido en la historia de la literatura otro premio tan oportuno. No solo evitó que le destrozaran el cerebro, sino que además probablemente promovió su salida del psiquiátrico. Impresionante, ¿no?

Todos tenemos claro que escribir nos salva. O, al menos, todos aquellos que nos vemos forzados a juntar palabras para poder aguantar el miedo de las noches y la vacuidad de las mañanas. «Parece que los escritores han perdido el norte, escriben para darse a conocer y no porque estén al borde de la desesperación», dice en una frase memorable Charles Bukowski. Es curioso, porque Bukowski siempre me ha caído fatal y no me gustaban sus libros, pero tras leer las cartas y notas biográficas recopiladas bajo el título *La enfermedad de escribir*, he descubierto a un tipo catastrófico pero auténtico, brillante y entrañable. Sí, seguro que hay escritores profesionales que hacen novelas como quien fabrica zapatos, pero me parece que son pocos. Yo diría que, para la mayoría, seamos buenos o malos, la escritura es un esqueleto exógeno que nos mantiene en pie.

¿Te acuerdas de Nathaniel Hawthorne, el autor de *Wakefield*, ese cuento maravilloso del hombre que un día se va de su hogar y se esconde en un piso en la acera de enfrente? Hawthorne, te dije, se pasó doce años encerrado en casa de su madre y sin salir, hasta el punto de que le escribió a un amigo una frase que voy a repetir, porque muchos tenemos muy mala memoria (sobre todo si llevamos duplicada esa mutación del neuregulin-1, cosa bastante posible entre quienes me lean). Estas son sus palabras desesperadas: «Me he convertido en prisionero de mí mismo, me he encerrado en una mazmorra y ahora no encuentro la llave para ponerme en libertad, y si la puerta estuviera abierta, casi tendría miedo de salir». Si eres una persona curiosa, tal vez te hayas preguntado qué sucedió con él, si por fin consiguió abandonar esa casa, cómo y cuándo. Pues bien, Hawthorne terminó su reclusión en 1837, coincidiendo precisamente con la publicación de su primer libro, un volumen de relatos titulado *Twice-Told Tales* (Cuentos contados dos veces) en donde está incluido *Wakefield*. Encontró su manera de dejar de estar preso, como el Kulterer de Bernhard (y como yo).

COMO LOS NIÑOS EN EL CEMENTERIO

Hablando de miedo, me he acordado de Emily
Dickinson, un personaje mítico de la literatura universal, otra artista ermitaña, como Hawthorne durante esos doce años de íntimo encierro, o como Proust,
navegando a través de su obra en noches febriles de
escritura. Pero la leyenda y el enigma que rodean a
Dickinson son aún más profundos, más complejos.
Recordemos que la delicada Emily (1830-1886) solo
publicó diez poemas en vida, casi todos contra su
voluntad. Pero una semana después de morir (ni siquiera estamos seguros de qué: probablemente de un
fallo renal), su hermana Lavinia encontró, en una caja
cerrada con llave, setecientos poemas cuidadosamen-
te copiados; algo más tarde, halló otros mil veintiocho. Solo veinticuatro poemas tenían título y ninguno
estaba fechado. Y con ese caudal de palabras secretas
se convirtió, *post mortem*, en una de los más grandes
poetas de Estados Unidos. Solo tenemos una imagen

verificada de ella, un daguerrotipo que le hicieron a los dieciséis años, aunque su aspecto es tan severo y triste que, en realidad, parece una viuda.

Mira bien esos ojos: te caes dentro. Cuánto han debido de ver y de aprender. Cuánto han sufrido. Todos los indicios apuntan a que Emily (y quizá también Lavinia) sufrió incesto de niña y de adulta por parte de su padre, Edward, y de su hermano Austin. Escribió sobre ello y hay publicada una preciosa antología *(Ese Día sobrecogedor. Poemas del incesto)* de la que he extraído estos versos:

Me has dejado —Progenitor— dos Legados —
Un Legado de Amor
Que bastaría a un Padre Celestial
Si tuviera Él la oferta —
Me has dejado Confines de Dolor —
Espaciosos como el Mar —
Entre la Eternidad y el Tiempo —
Tu Conciencia —y yo—

Ese *Amo* final no se refiere al amor, sino que es un sinónimo de *dueño*, porque en el inglés original la palabra es *Master*, que colocada aquí resulta escalofriante. Son unos versos poliédricos y enigmáticos cuyo significado real ha sido rastreado por las antólogas y traductoras, Ana Mañeru Méndez y María-Milagros Rivera Garretas.

El escabroso y subterráneo tema de los abusos incestuosos aparece una y otra vez, como un río Aqueronte que va asomando su líquida cabeza, en las biografías de algunas mujeres escritoras con graves problemas psíquicos. Como ya he dicho, Virginia Woolf también fue violada desde los siete años por sus dos hermanastros veinteañeros (ella misma lo contó repetidas veces), y de Alice James, la hermana «inválida» de Henry James, como a ella le gustaba presentarse, se ha sugerido que quizá mantuviera una relación con el hermano mayor, el famoso filósofo y psicólogo William James. Alice posee una biografía en cierto sentido semejante a la de Emily Dickinson; también vivió una vida enfermiza y encerrada, también fue publicada de manera póstuma y ambas amaron a mujeres. La diferencia es que *El diario de Alice James*, que es su único legado, es un texto curioso y a ratos divertido, pero muy empequeñecido por la pequeña vida que Alice llevaba. Sin duda tenía talento para la escritura, y quizá en un mundo normal hubiera podido desarrollarse como narradora, pero en cualquier caso su obra es muy inferior a la explosión de furia, seda y fuego de los poemas de Emily.

Acabo de escribir «en un mundo normal» y creo que entiendes bien a lo que me refiero: al sexismo, a esa discriminación feroz que ha mantenido durante tanto tiempo a las mujeres (y sigue pasando aún, mira Afganistán) en una situación de total desigualdad e indefensión. En un mundo normal, las artistas hubieran podido crecer y madurar de una manera natural, y no convertirse en esa especie de aborto de persona que fue, por ejemplo, Alice James. Siempre me viene a la memoria Clara Schumann (1819-1896), compositora y pianista. De hecho, algunas de las piezas estrenadas por el magnífico músico Robert Schumann, marido de Clara (un hombre que, como hemos contado, tuvo tremendos problemas mentales y falleció en un psiquiátrico), son en realidad de ella. Clara, que poseía un talento musical colosal, estaba atrapada en su papel secundario de esposa y madre. Tuvo ocho hijos y se le murieron varios; entre eso y la terrible enfermedad de Robert, su vida debió de ser bastante desgraciada. Pero lo peor es que el machismo le impidió el consuelo de la creación; Clara compuso poco, y explica la razón de ello en su diario: «Alguna vez creí que tenía talento creativo, pero he renunciado a esta idea; una mujer no debe desear componer. Ninguna ha sido capaz de hacerlo, así que ¿por qué podría esperarlo yo?». Qué terrible, desolada frase de derrota; y, por añadidura, ¡qué errónea! A lo largo de la historia ha habido innumerables mujeres compositoras de enorme valía, como la alemana Hildegarda de Bingen en el siglo xii, precursora de la ópera con el *ordo*, un tipo de oratorio que ella creó. O, ya que hablamos de ópera, como Francesca Caccini en el siglo xvii, que fue, junto con Monteverdi, responsable de la difusión y el triunfo de este género musical en el mundo. De hecho, en la misma época en la que Clara escribía su diario había otras muchas compositoras importantes en Europa: la también alemana Fanny Mendelssohn, o las francesas Augusta Holmès y Cécile Chaminade, la española Isabella Colbran y, en especial, la polaca Maria Szymanowska, famosísima en vida y antecesora de Chopin, aunque a todas las olvidaron después injustamente, como siempre sucedió con la memoria de las mujeres. Por eso la desdichada Clara pensaba que no hubo ninguna.

También me parece ejemplar la historia de la escritora Charlotte Perkins Gilman (1860-1935), que sufrió una depresión posparto y tuvo la desgracia de ser tratada por el doctor Weir Mitchell, un ferviente partidario de la llamada «cura de descanso». Y es que, por entonces, a las mujeres que presentaban algún trastorno de ánimo, lo habitual era prohibirles leer, pensar y, por supuesto, escribir. Se les recetaba volver a las rutinas domésticas, que supuestamente les devolverían su femenina placidez. ¿Recuerdas las frases que he citado de los escritores diciendo que, sin escribir, se volverían locos? Pues ahora piensa en esas infelices autoras a las que, cada vez que «enloquecían», les quitaban las plumas. Perkins Gilman escribió un relato maravilloso, *El papel de pared amarillo*, un cuento gótico y feroz sobre lo que sucede cuando le haces eso a una persona, en el que un médico llamado John, bienintencionado, pero sexista y estúpido, receta a su mujer, que está atravesando una etapa algo «histérica», la famosa cura de descanso. Para ello, John alquila una quinta de verano y se instala, junto con su esposa, en una habitación del piso superior que tiene barrotes en las ventanas (se supone que había sido un cuarto para niños) y las paredes recubiertas de un papel amarillo. John sigue marchándose cada día al trabajo, pero ella, a quien han prohibido escribir y leer, no tiene nada que hacer y comienza a hundirse en una sobrecogedora crisis psicótica, hasta terminar creyendo que hay una mujer atrapada bajo el papel amarillo, un bulto que se arrastra por las paredes y al que la esposa intenta liberar, con frenética desesperación, desgarrando con las uñas el empapelado. Gilman mandó este potente relato a su médico, y algún tiempo después el doctor Mitchell le escribió diciendo que la lectura del cuento le había convencido de que tenía que cambiar el tratamiento. «Si fue así, quizá mi vida no haya sido en vano», anotó Gilman en su diario.

Emily Dickinson se pasó los últimos quince o

veinte años, de los cincuenta y cinco de su existencia, sin salir de la casa familiar en Massachusetts y viviendo cada vez más recluida. Permanecía atrincherada en una habitación en la planta de arriba y hablaba con los invitados a través de la puerta o por una rendija. Resaltan los biógrafos que no abandonó su habitación ni para asistir al funeral de su padre, que se celebró en el salón de la casa; aunque, sabiendo lo que creemos saber, la verdad es que no me parece nada raro que hiciera eso. Vivía para escribir: por un lado, innumerables cartas a los amigos; y por el otro, sus preciados poemas, que retocaba una y otra vez a lápiz durante meses, en pizcas de papel o en el reverso de sobres usados, hasta que copiaba la versión definitiva con tinta en un buen pliego. A medida que iba luchando con la enfermedad, con la creciente pérdida de visión y con el desequilibrio mental, su letra iba cambiando: clara y recta al principio, crispada y torcida al final. Las letras caen y se aplastan, puede que al igual que las esperanzas. «Sentí mi Mente Partirse en dos / Como si mi Cerebro se hubiera dividido / Intenté unirlo — Costura a costura / Pero No pude lograrlo.» He aquí la descripción de una crisis de disociación. Redactaba los textos con un espolvoreo de mayúsculas y una puntuación muy peculiar; sus versos son tan extraños como poderosos. Descubrió la poesía, en la niñez, leyendo a Elizabeth Barrett Browning, la autora británica victoriana, cuya obra, al contrario

mientras los otros duermen?». O «Te echo tanto de menos y tengo tantas ansias de ti que siento que no puedo esperar, siento que debo tenerte ahora: la expectativa de volver a ver tu cara una vez más me sofoca y me hace sentir febril, y mi corazón late a toda prisa». Hay toda una corriente de nuevas biógrafas que sostienen que Dickinson y su cuñada mantuvieron una relación de amor durante cuarenta años, pero en la enigmática vida de la poeta nada parece estar claro. Es indudable que la pasión existió (Emily llamaba a Susan «Avalancha de Sol»), pero ¿duró tanto? A los treinta años la poeta escribió tres tórridas cartas de amor, las llamadas «cartas al maestro», que quizá fueran destinadas a un hombre. En una de ellas dice: «¿Y si la campanilla aflojara su cinto / para la Abeja amante / la abeja la adoraría / tanto como antes?». Esto a mí me evoca más bien a un varón. Tal vez fuera bisexual; Simon Worrall dice en el libro *La poeta y el asesino* que es posible que Dickinson estuviera enamorada de Samuel Bowles, un compañero de estudios de su hermano Austin a quien ella conocía desde la adolescencia. Se escribieron durante dos décadas y él iba a visitarla una vez al año. En 1877, Emily, que para entonces tenía cuarenta y seis años, se negó a salir de su cuarto. Samuel le gritó desde la sala: «¡Baja, maldita granuja! ¡He venido a verte, déjate de tonterías!». Para pasmo de todos, Emily bajó, y, según Lavinia, se comportó de una manera magnífica. Unos días más tarde le mandó a Bowles una carta y este poema: «No tengo Vida sino esta / Para traerla aquí — / Ni una Muerte —salvo / La disipada desde allí— / Ni atadura a las Tierras por venir / Ni Acción nueva— / Excepto a través de esta extensión — / El Reino tuyo». Y debajo escribió: «Resulta extraño que lo más intangible sea lo más permanente», tras lo cual firmó: «Tu granuja». Suena amoroso. Raro y desolado, pero amoroso.

El misterio que rodea a Dickinson es tan impenetrable, en fin, que hay teorías de todo tipo. Incluso la de que uno de los viajes que hizo en los años sesenta a Boston fue para abortar. ¿De un amante? ¿Del incesto? Tan solo son especulaciones. De lo que sí estamos seguros es de su sufrimiento, del tormento que le causaban lo que ella llamaba sus *demonios mentales*:

Sentí un Funeral en mi cerebro
Los deudos iban y venían
Arrastrándose— arrastrándose — hasta que
    pareció
Que el Sentido se quebraba totalmente

[...]

Hasta que pensé que mi Mente se volvía Muda

Pero no enmudeció. Permaneció luchando hasta el final, palabra tras palabra febrilmente ano-

un desdoblamiento similar en la vida real, porque hay cierta imposibilidad de reconocerse plenamente en el yo que una fue. Siento que aquellas Rosas del ayer son de algún modo distintas a mí, de la misma manera que la vieja que hoy me ha secuestrado tampoco soy del todo yo. «Lo peor de envejecer es que no se envejece», decía Oscar Wilde en una de sus muchas frases célebres, y tenía razón. No consigo incorporarme a mi verdadera edad. No entiendo cómo he llegado a esto. No atino a descubrir en qué momento de mi juventud me perdí, cómo caí en el agujero de gusano espaciotemporal que me trajo hasta aquí. La edad es una traición del cuerpo; por dentro, como sostenía Wilde, nunca se envejece. Por añadidura, ese cuerpo conspirador y desleal cuenta con la colaboración de la sociedad en el golpe de Estado que está perpetrando contra ti. Nada tan triste como la jubilación, pero no ya la tuya, sino la de todos los demás. De pronto llega un día en el que empiezan a desaparecer tu dentista, tu médico, tu mecánico en el taller del coche, tu asesora en el banco, tu farmacéutica, el dueño del restaurante al que llevas treinta años acudiendo, tu librera. No se han muerto: se han retirado. Una inmensa escoba cronológica los ha barrido. Esto es, los ha borrado. Ya no conoces a nadie alrededor. La niebla va bajando y todo se desdibuja mientras tu ser más íntimo, aquel yo emocional con el que te identificas, que es y será eternamente joven, se repliega poco a poco a un rincón cada vez más remoto de tu cerebro.

El paso y el peso del tiempo también se abatieron sobre la Otra. Después de aquel inquietante incidente en Wellesley College no volví a saber nada más de ella durante muchos años. Durante tantos, en realidad, que llegué a creer que aquello se había acabado. Pero un día, más o menos una década después, recibí en mi casa un pequeño paquete que contenía una cajita de cartón envuelta con primor. Era una salamandra de piedra muy especial, panzuda, de abultados y vigilantes ojos. En la caja no venía ninguna tarjeta, ninguna explicación; en el paquete no constaba remite. Era un regalo bonito, aunque me inquietó no saber quién lo enviaba y aún más recibirlo en mi dirección particular. Corrían tiempos muy malos de la lucha contra ETA; los terroristas habían empezado a asesinar periodistas, fundamentalmente en el País Vasco, y yo, que de cuando en cuando escribía artículos contra los etarras y que soy un poco cobardica, no pude evitar sentir algo de miedo. Y así, aun sabiendo que mi riesgo era veinte veces inferior al de los colegas que estaban de verdad en primera línea, me pasé meses mirando los bajos de mi coche antes de ponerlo en marcha y, un día que trajeron una pesada caja de cartón a mi casa sin tarjeta ni remite, telefoneé directamente a la policía, que se tomó muy en serio mi llamada y recogió el paquete. Tras pasar-

lo por el escáner, me llamaron: eran cuatro botellas de vino que me había mandado, sin aviso, la
directora de comunicación de una editorial. Les
dije a los policías que se las tomaran a mi salud y
les di las gracias.

Lo de las botellas había sucedido poco antes
del envío de la salamandra, así que supuse que
podía tratarse de algo parecido, de un regalo profesional, o incluso de una campaña publicitaria, y
que me enteraría de su origen en unos días. Me
quedé con el bicho, lo puse junto al ordenador y
ahí sigue, aunque hayan pasado desde entonces
tantas cosas y tantos años.

A continuación empezaron a llegar flores. En
concreto, una docena de tulipanes el primer día de
cada mes. Tulipanes amarillos, fucsias, naranjas.
Por entonces yo ya había cumplido los cuarenta y
vivía con Pablo Lizcano, que fue mi pareja, y final-

mente mi marido, durante veintiún años, hasta que lo segó un cáncer. No era celoso, pero al segundo mes empezó a mosquearse: todas esas flores, sin tarjeta ni dueño. Yo también me inquieté y llamé a la floristería que las enviaba. «¿Algún problema, señora Montero? —me dijeron—. Creo que le hemos mandado el ramo que quería, ¿no?» ¿El ramo que yo quería? Esas palabras bajaron por mi columna vertebral como un dedo de hielo. Adiviné, aun antes de que me lo explicaran, lo que había pasado: la Otra había vuelto.

El método siempre era el mismo. Acudía en persona a la tienda, pagaba en efectivo, daba mi dirección como si fuera la suya propia (no lo llegaba a decir, pero lo daba a entender) y pedía que le mandaran las flores dos días después. En cada envío utilizaba una tienda distinta. En alguna de ellas me dijeron que, cuando la mujer había dado el nombre, le habían comentado: ¿Como la escritora?, y que ella había sonreído de manera ambigua sin añadir palabra. Lo que más me preocupaba era que conociese mi dirección personal; volví a hablar con la policía; volvieron a decirme que no podían hacer nada. Los tulipanes son mi flor preferida y las salamandras me encantan (tengo más de doscientas figuritas de lagartos en casa), y el tino con el que la Otra escogía sus regalos tampoco me hizo la menor gracia. No podía ser una coincidencia; lo más probable es que hubiera hablado de ello en alguna entrevista o algún acto público, pero, aun así, eso indicaba una obsesión en captar cada detalle de mi vida que me amedrentaba.

Recibí tulipanes cada primero de mes durante medio año. Tras el sexto ramo me entró una especie de frenesí; agarré el directorio comercial de las páginas amarillas y empecé a llamar a todas las floristerías de Madrid para advertirles y pedir que me avisaran si llegaba alguien a comprar un ramo con mi nombre. Cuando iba por la número trescientos ochenta y cuatro me rendí. Había varios miles. Nunca me llamó nadie, pero, extrañamente, el envío de flores se detuvo.

A partir de entonces, y durante casi dos décadas, la Otra fue una presencia en la distancia, un punteado irregular en el tiempo. A veces desaparecía durante meses, o incluso años enteros; y luego, de pronto, recibía un regalo o quizá dos en el transcurso de unas pocas semanas. Me enviaba cosas muy diversas: un mono de peluche, por ejemplo; una cajita de laca pintada con motivos rusos; un dibujo a tinta de un perro aullando a la Luna; un pisapapeles con una vaporosa y delicada planta de milano dentro. Objetos sin sentido, pero que me gustaban. Todos eran más o menos modestos pero hermosos, o graciosos como el peluche. Especialmente bella me pareció una piedra pintada a mano con un corazón en llamas. Es de una artista española llamada María Herraz.

Llamé a las tiendas de donde provenían los cachivaches y en todas me contaron lo mismo: acudía en persona, pagaba en efectivo y pedía que le mandaran el paquete a casa alegando que se marchaba en ese mismo instante de viaje. Pocos días después de la muerte de Pablo recibí un pañuelo de satén negro con las puntas anudadas; al abrirlo, mostró en su enlutado regazo media docena de pequeñas lágrimas de cristal de roca. Ese regalo lo tiré. Era bello y horrible. Tras quedarme viuda me mudé a otro apartamento y se terminaron los presentes. Probablemente no consiguió localizar la nueva dirección.

Sin contar el pañuelo de satén, recibí catorce objetos. Los tengo todos. Es posible que te extrañe que los guardara; al principio lo hice por seguridad, por si podían servir de prueba de algo: de la existencia de la Otra, de su acoso. Pero además, ya te digo, eran piezas bonitas que me gustaban. Con el tiempo fui perdiéndole el miedo a la desconocida, y a veces hasta me parecía que ella y yo estábamos desarrollando una especie de extraña relación. Sin duda patológica, pero íntima. Y sucedió algo más: un día me di cuenta de que los dependientes de las tiendas habían dejado de describirla como una mujer muy hermosa. La Otra también envejecía.

PESADILLAS GEOMÉTRICAS

Entre los diversos miedos que voy arrastrando por la vida, hubo uno que me fastidió durante cierto tiempo. De pequeña sufrí unas pesadillas geométricas que me producían verdadero espanto. No sucedían muy a menudo y cuando las cuento ahora resulta que no tienen nada de terrible: tan solo eran una sucesión de formas sin argumento, un baile tridimensional de esferas, pirámides y prismas de diversos colores que daban lentas vueltas dentro de mi cráneo, algo muy semejante a esos salvapantallas que medio siglo después se pusieron de moda en los ordenadores. Sé que lo que describo no asusta nada, incluso podría ser hasta bonito, pero aquellas visiones resultaban insoportables y asfixiantes; el lento rotar de la pesada geometría amenazaba aplastarme. Yo era una mosca aprisionada en la pegajosa tela de una araña poliédrica. Me sentía en peligro.

Las visiones terminaron en cuanto crecí un poco, pero durante décadas me quedó cierta secuela, la incomodidad de añadir otra rareza más (el miedo incomprensible a esas estrafalarias pesadillas) a mi largo catálogo de chifladuras. Quiero decir que la danza de las pirámides me parecía una prueba más de mi locura. Hasta que un buen día, yo debía de andar por los cuarenta, leí que los científicos habían descubierto que las fiebres muy altas, sobre todo las elevadas fiebres de los niños, producían unas curiosas visiones geométricas. De manera que lo que yo creía algo desgraciadamente único y anómalo no era más que una característica que nos viene de fábrica, un subproducto del calentón extremo de las neuronas. Cómo no sentirte asfixiada y en riesgo: una fiebre así puede matarte y tu cuerpo te avisa. Extasiada, publiqué este hallazgo en un artículo en *El País*, y media docena de lectores me escribieron diciendo que ellos habían vivido lo mismo. Lo cual no solo es reconfortante y tranquilizador, sino también extraordinario: cuando nuestra sopa química entra en ebullición, el cerebro crea figuras geométricas perfectas. Como si esa simetría de planos y ese equilibrio de líneas estuvieran en el corazón del universo, en la zona más allá de lo nombrado. Como si el pobre Paul Kammerer, el de la ley de la serialidad, hubiera intuido algo verdadero.

Pero lo más importante que me enseñó el asunto de las pesadillas geométricas es que todos somos iguales (verdad número uno). Da igual lo majareta que parezcas: siempre habrá un puñado de individuos en el mundo que sientan, piensen y actúen como tú. Por ejemplo, como dije en el primer capítulo, también tengo una cosa que se llama dermatilomanía, de lo cual me enteré hace poco por casualidad mientras merodeaba por internet. Se considera que es un trastorno obsesivo compulsivo y consiste en pellizcarse o rascarse alguna zona del cuerpo hasta hacerse lesiones. Pues bien, casi un 2 % de la población comparte esta manía. Y eso es mucha gente. En algunas personas alcanza unos niveles graves y deformantes; en mi caso es leve, no me preocupa nada y no deseo dejarlo en absoluto, porque es un placer. Yo me arranco y mordisqueo los pellejos de las uñas de las manos, y te aseguro que encontrar una punta de piel de la que tirar da mucho gustito. No siempre practico este pellejicidio con igual frenesí; hay meses en los que la manía parece adormecerse mientras que en otras ocasiones se dispara, y aún no he conseguido dilucidar si la fase alta se corresponde con momentos de ansiedad y estrés o, por el contrario, de aburrimiento. Cuando me despendolo puedo hacerme sangre y pequeñas heridas que resultan molestas durante algunas horas (escuecen mucho con el hidrogel de la pandemia). Pero ese fastidio no llega a amargarme la afición. Mi madre se pellizcó los dedos toda la vida y tengo otros familiares y amigos que lo hacen, y todos estamos tan campantes.

«Se ha encontrado una relación entre la dermatilomanía y el incremento en los niveles de dopamina, implicada en el control motor, en el sistema cerebral de recompensa y en el desarrollo de adicciones», dicen en la página web *Psicología y Mente*. O sea que también aquí nos topamos con las alteraciones de la química sináptica. Entiéndeme: esto es un rastreo detectivesco. Estoy intentando seguir todas las pistas que puedan conducirme al entendimiento de cómo funciona mi cerebro, o más bien nuestro cerebro, el de ese 15 % de gente más creativa. Soy como un Sherlock Holmes existencial a la caza de los ingredientes de la tormenta perfecta que culmina en la obra. Y se ve que los neurotransmisores intervienen bastante; unos neurotransmisores algo zarrapastrosos, que faltan o que sobran y que a veces zozobran. De acuerdo, nuestras cabezas no son las más serenas de la Tierra, pero tampoco están tan mal. Quiero decir que todos los expertos cuyos libros he consultado (neurólogos, psiquiatras y psicólogos) sostienen que la creatividad no nace de la locura, sino que ambas condiciones muestran puntos de contacto, coincidencias. Yo lo veo como si fuéramos una especie de primos, de la misma manera que los seres humanos y los grandes simios somos parientes que descendemos de un ancestro común.

Regresando al tema de las semejanzas, diré que, mientras preparaba durante años este libro, he ido coleccionando una serie de coincidencias muy literarias, peculiaridades que al parecer compartimos muchos. Por ejemplo, se diría que entre los novelistas abunda la tendencia a la obsesión, lo cual es comprensible, porque ¿cómo si no vas a perseverar durante años, con paciencia de estalactita, en el lento rumiar de una historia imaginaria? Por no hablar del perfeccionismo a menudo patológico en el que caemos, como explica mi maestra Ursula K. Le Guin en estos deliciosos versos dignos de un cuento de hadas:

> *Hay algo*
> *del tamaño de un guisante seco*
> *que no he escrito.*
> *Que no he escrito bien.*
> *No puedo dormir.*

Más importante aún es nuestra enorme inseguridad. La incapacidad para analizar de manera serena lo que hacemos. O, como decía una desesperada Sylvia Plath, «la absoluta falta de criterio para juzgar lo que escribo: no sé si es una porquería o una genialidad». Tiene toda la razón, me reconozco en ese ridículo vaivén de extremo a extremo. Cuando terminé el borrador de *Lágrimas en la lluvia* se lo mandé a Elena Ramírez, mi brillante editora de Seix Barral. Siempre tengo dudas, pero en esa ocasión tenía muchas más; *Lágrimas en la lluvia* no solo era mi primer libro de Bruna Husky, es decir, de ciencia ficción pura y dura, sino que, en el transcurso de los tres años de su redacción, mi pareja descubrió que tenía un cáncer terminal, luchó estoicamente contra el tumor durante diez meses y, por último, falleció. Empecé la novela en mi vida anterior, en los felices tiempos de inocencia, cuando aún no sabíamos que caería sobre nosotros el rayo de la destrucción; peleé contra ella durante la terrible travesía de la enfermedad, y la acabé un año después de que él muriera. Todo ese conflicto enrareció mi relación con el texto, y además, por primera vez en mucho tiempo, carecía de la mirada lúcida de Pablo, el mejor crítico de mi trabajo que jamás he tenido. De modo que me sentía muy perdida. Temía haber fracasado por completo. «Aquí te mando el borrador», le escribí a mi editora: «Creo que es una mierda, te lo digo en serio; estoy pensando en tirarlo». Tres días después, Elena Ramírez me dijo por teléfono: «¡Es una maravilla de novela, me encanta!». E inmediatamente yo me hinché de orgullo y pensé: «¡Qué libro tan genial he escrito!». De un instante a otro, por la simple magia de una sola opinión, pasé dentro de mi cabeza del más negro abismo a la consagración. La dulzura de esa seguridad hipertrofiada solo duró un par de días, por supuesto; luego volvieron a reptar por mi interior los gusanillos de la duda. Como decía Plath, es difícil tener, y sobre todo mantener, un criterio claro sobre lo que estás haciendo.

La historia de la literatura nos demuestra que

tener muchos lectores o ninguno, o bien magníficas críticas o pésimas, no influye en absoluto en lo
que la posteridad pueda pensar de ti. Y ni siquiera
el hecho de sobrevivir en la memoria pública y de
alcanzar esa posteridad es una prueba definitiva.
Quiero decir que, emocionalmente infantiles
como todos somos, tendemos a creer que el valor
artístico termina por reconocerse antes o después,
quizá póstumamente, pero de manera indefectible,
porque necesitamos aferrarnos a certidumbres de
orden. Pero la vida es el desorden puro, el caos más
insensato; y estoy convencida de que hay por ahí
otros Cervantes y otros Shakespeares olvidados (y
unas cuantas mujeres entre ellos) que jamás serán
rescatados de la desmemoria. En resumen: que
nada ni nadie nos puede asegurar, de manera objetiva y mensurable, si nuestra obra es buena, re-
gular o malísima.

En su autobiografía *Poesía y verdad*, Goethe
cuenta que, de niño, acudía a unos encuentros
dominicales con otros chavales en los que todos
los participantes tenían que componer sus propios versos. Y explica: «En estos encuentros me
sucedió algo singular [...]. No importa cómo fueran, el caso es que siempre me veía obligado a
considerar que mis propios poemas eran los mejores, solo que pronto me di cuenta de que mis
competidores, que generaban engendros muy so-
sos, se hallaban en el mismo caso y no se estima-
ban peores que yo. Y lo que aún me pareció más

sospechoso: un buen muchacho al que yo, por cierto, le caía bien, aun siendo completamente incapaz de realizar semejantes trabajos y haciéndose componer sus rimas por el preceptor, no solo consideraba que sus versos eran los mejores de todos, sino que estaba completamente convencido de que los había escrito él en persona [...]. Dado que podía ver claramente ante mí semejante error y desvarío, un día empezó a preocuparme si yo mismo no me hallaría también en el mismo caso; si aquellos poemas no serían realmente mejores que los míos y si no podía ser que yo les pareciera a aquellos muchachos, con razón, tan enajenado como ellos me parecían a mí. Esta cuestión me inquietó en gran medida y durante mucho tiempo, y es que me resultaba completamente imposible hallar una manifestación exterior de la verdad». Déjame que corrija al gran Goethe: le inquietó, yo diría, durante toda su vida. La duda corrosiva forma parte de las piedras de nuestro equipaje.

Y lo malo es que la inseguridad extrema te conduce al silencio: «El peor enemigo de la creatividad es dudar de una misma», decía Plath, que a veces sufría terribles ataques de autodesprecio: «Metida dos días bajo la mesa llorando: eres un montón de despojos, porquería de libro, etcétera», anota agónicamente en su diario. Y en su breve ensayo biográfico sobre Leonardo da Vinci, Freud explica que el genial pintor temblaba visiblemente cuando se ponía a pintar; que su exigencia y su perfeccionismo eran tan grandes que le conducían a una inseguridad casi aniquiladora, y que entre sus coetáneos ya era conocida «la incapacidad de Leonardo para terminar un cuadro». Por eso tiene tan poca obra. Cuánta fragilidad: vivimos sobre el lomo del viento.

Lo de insultarse a uno mismo en diversas escalas de furor, como hacía Plath, es al parecer otra de esas geometrías neuronales que compartimos muchos escritores. La autora Claire Legendre (Niza, 1979), que se confiesa hipocondriaca, tiene un interesante libro sobre el trastorno mental, *El nenúfar y la araña*, en el que cita la palabra checa *lítost*, que Milan Kundera define como la vergüenza ante el espectáculo de la miseria propia. Y añade Claire: «Una vergüenza sin gravedad pero que puede volvernos a la cabeza de forma intempestiva, por ejemplo, cuando estamos tranquilamente sentados en el sofá delante de la tele, y provocarnos un tic nervioso. Hasta puede que nos demos una bofetada al pensar en la réplica que no hubiésemos debido pronunciar, en el gesto que no habríamos debido hacer». Yo no he llegado a abofetearme, pero desde luego sí a imprecarme. Tengo siempre listos unos cuantos insultos en la punta de la lengua, que actúa como un látigo automático en cuanto cruza mi cabeza algún mal pensamiento; y llamo malos pensamientos al recuerdo de un instante en el que me he sentido torpe, impostora y ridícula frente a alguien. Porque la *lítost* kunderiana es un hecho social; para experimentarla, la patochada ha tenido que ser cometida en público. Atraviesa mi cabeza la imagen de un momento así (verdaderas tonterías que yo vivo como horrendas humillaciones) y mi lengua da un trallazo y me castiga. Dependiendo de lo nerviosa que esté, de mi nivel de tensión y chaladura, ese latigazo verbal puede ser en voz alta, incluso con un grito, es decir, soy una señora que a veces va gritando insultos por la calle, como una verdadera loca oficial. Un día me crucé con un macarra como de treinta años, macizo, retaco, embutido en ropas negras y con una sola ceja cruzándole la frente, y yo, ensimismada en mis pequeños tormentos, dije a media voz: qué imbécil. A punto estuvo de pegarme el hombre, creyendo que me estaba dirigiendo a él. Perdóname, le dije desesperada, no era por ti, ¿por qué iba a serlo? Me estaba insultando a mí misma, a veces me pasa cuando recuerdo algo que he hecho mal. Y lo más interesante es que, cuando conseguí explicarme (tuve que hablar muy deprisa, porque ya me había agarrado por los brazos y me estaba zarandeando), el macarra se desactivó como si lo hubieran desconectado, lo que me hizo intuir que él también cargaba con su *lítost*. En fin, le estoy muy agradecida al invento del teléfono móvil, porque me permite pasar más inadvertida cuando voy hablando sola por la calle.

YONQUIS DE LA INTENSIDAD

Ayer regresé de México y hoy me he sentado ante la mesa de trabajo y he abierto este archivo con un suspiro de alivio. Paso media vida en un avión y en general volar no me da miedo, pero cada vez que tengo que emprender un viaje mientras estoy escribiendo un libro no puedo evitar cierto desasosiego por si nos estrellamos y la obra se queda sin terminar. Se lo comenté en un vuelo trasatlántico a un colega escritor, que redondeó los ojos del asombro y respondió, bajando un poco la voz, que a él también le ocurría lo mismo y que nunca se había atrevido a confesarlo porque le parecía demasiado vanidoso; y ahí fue mi turno para sorprenderme, porque mi preocupación no es porque tema que el mundo se vaya a perder un texto magistral, sino porque suelo creer que la novela que estoy escribiendo es la más lograda de las mías, y una siempre aspira a ser querida y a ofrecer la mejor versión posible de sí misma. De hecho, me parece que la mayoría de los autores pensamos que nuestra obra es lo mejor que somos, y que a veces es incluso preferible a lo que somos. Por eso las críticas negativas escuecen y destruyen y derrotan tanto: si no les gustan mis libros, ¿cómo demonios voy a gustarles yo?

Y es que nuestra existencia entera se mueve en torno al puñado de palabras que vamos clavando en la pantalla del ordenador. Supongo que a los músicos, a los escultores o a los pintores les pasará lo mismo con sus respectivos trabajos. Ya hemos hablado de cómo la creatividad te salva de la angustia, de la disociación, de la zozobra. Pero es que el papel de la obra va mucho más allá. Sostengo que la escritura nos permite *vivir*, es decir, es el vehículo a través del cual nos relacionamos con el mundo y con las cosas. Lo dice de manera formidable Fernando Pessoa:

El poeta es un fingidor.
Finge tan completamente
que hasta finge que es dolor
el dolor que en verdad siente.

Es posible que, al disociarnos tan profundamente de pequeños para defendernos del trauma, nos haya quedado cierta dificultad para experimentar la realidad de una manera directa y completa. Y también puede que los neurotransmisores revoltosos añadan confusión, vibraciones resbaladizas y una incómoda distancia con las cosas. Sea por lo que sea, creo que todos los escritores tenemos cierta propensión a vivir la vida vicariamente (unos más que otros, desde luego), a través de los relatos que inventamos. Como si, para poder experimentar de verdad el dolor, para hacerlo nuestro, como dice Pessoa, tengamos que contárnoslo atribuido a un personaje, o alojado (y alejado) en un verso. Y donde digo dolor digo cualquier otra emoción: nostalgia, deseo, amor, desesperación, inocencia, belleza. Lo dice muy bien la danesa Tove Ditlevsen: «Me atormenta ver que con el tiempo me he vuelto incapaz de abrigar sentimientos sinceros y siempre debo fingirlos, imitando las reacciones de los demás. Es como si todo hubiese de dar un rodeo antes de afectarme».

Yo imagino constantemente historias en mi cabeza, historias que ni siquiera tienen que terminar de manera forzosa en un libro, y así consigo hacer míos los sentimientos que describo. Creo que, sin la ayuda ortopédica de la obra, la inmensa mayoría de los escritores no lograríamos vivir plenamente. «No soy capaz de disfrutar la vida por ella misma: solo puedo vivir por las palabras que detienen el fluir», decía Sylvia Plath. Y el gran Emmanuel Carrère lo explica con detalle: «Un momento tranquilo sin más, un momento que podría ser contemplativo, que yo podría simplemente vivir, en realidad no puedo vivirlo, estar presente en él, simplemente estar presente, porque al instante se manifiesta la necesidad de ponerlo en palabras. No tengo acceso directo a la experiencia, siempre debo adosarle palabras». Sí, señor, es exactamente así. A mí me pasa lo mismo. Puede que no llegue a poner esas palabras sobre el papel, pero por lo menos tengo que redactarlas en la cabeza para que mi vida funcione. Digamos que la vida escrita nos parece la vida más auténtica: «En el papel todo adquiere una dimensión más real», dice Héctor Abad. Y Henri Michaux: «Nunca estamos tan seguros de la realidad como cuando es ilusión». Y para acabar con esa orgía de citas incluiré una certera frase del francés Christian Bobin, que explica ese viaje de ida y vuelta que nos vemos obligados a hacer con las emociones para lograr poseerlas (el fingidor que finge su verdadero dolor, ya sabes a qué me refiero): «Mi manera de reunirme con el mundo es separarme de él para escribirlo».

De manera que ya podemos añadir otro ingrediente a la tormenta perfecta: una incapacidad mayor o menor para vivir sin más, directa y llanamente, como el perro que se tumba bajo un rayo de sol y deja que el calor se difunda con lentitud por cada uno de sus pelos, desde la punta hasta la raíz, y de ahí a la piel y aún más adentro, a la capa de grasa y a la carne, hasta inundar de tibio regocijo su corazón. Bueno, supongo que la plenitud del perro es algo difícil de alcanzar para todos los humanos, pero es probable que sea todavía un poco más difícil para nosotros.

Y hay algo aún peor asociado a todo esto. O quizá sea mejor, depende de cómo lo miremos. Un día, en una de las temporadas en que me estuve analizando, le hablé al terapeuta de los momentos oceánicos. No sé si sabes a qué me refiero; el término lo inventó el escritor francés Romain Rolland (1866-1944), hoy bastante olvidado aunque ganó el Nobel de Literatura en 1915. Rolland, pacifista, idealista, amante de las filosofías orientales y hombre entregado a una intensa búsqueda espiritual, bautizó de «momento oceánico» esos instantes de aguda y trascendente intensidad, cuando tu yo se borra y la piel, frontera de tu ser, se desvanece, de manera que te parece sentir que las células de tu cuerpo se expanden y se fusionan con las demás partículas del universo. Entonces nada separa tu conciencia del resto del Todo; eres el sol que arde en el horizonte y el élitro queratinoso de un humilde grillo. Eres, como decía Rolland, la gota de agua que se une al océano. Estos instantes místicos, que pueden ser más o menos agudos, que a menudo están asociados con la observación de la naturaleza pero que a veces también se originan a partir de una imagen, de una música o de un impulso de arrolladora empatía con algún ser vivo, son una nuez candente de dicha y de belleza. No sé cuánto pueden durar, sin duda muy poco, aunque es algo difícil de precisar porque la percepción temporal también se altera. En cualquier caso, durante unos segundos te sientes al borde de la revelación, a punto de entender el secreto del mundo. Y la muerte se bate en retirada, porque mientras estás fuera de ti eres eterno. Los japoneses llaman *satori* a este instante de nomente y de presencia total; el *satori*, que significa «comprensión», es la iluminación en el budismo zen. Seguro que sabes de qué hablo. Seguro que lo has experimentado alguna vez.

Ahora bien, ¿cuántas veces lo has vivido? ¿Cuán a menudo vuelas?

En aquella sesión con el terapeuta le conté de pasada, con perfecta inocencia, es decir, con plena ignorancia, lo bastante a menudo que me sucede. Yo creía que era una experiencia común entre los humanos; que a todos nos sobrevenía esta explosión de sentido y de eternidad de cuando en cuando. Como es natural, tengo etapas mejores y peores, como todo en la vida; en las mejores (que suelen coincidir con las temporadas en las que estoy escribiendo con provecho algún libro) puedo sentirme pececillo del cardumen de la humanidad dos o tres veces por semana, o incluso más. En las peores, tal vez pase algunos meses de atonía. Nunca demasiados, me parece. Esto es lo que le dije con toda naturalidad al terapeuta, pero, por la extraña expresión medio torcida que puso aquel hombre, comprendí enseguida que algo no casaba. No, me contestó; la mayoría de la gente no experimenta de

vivir la vida por sí misma; que la realidad se nos despega de los ojos y de las manos, como un decorado teatral barato y mal sujeto a los bastidores de madera del escenario. Ante esa cotidianidad tan carente de lustre y de autenticidad, nos vemos obligados a recurrir a un chute de trascendencia: «Hace un rato que le decía a Alicia que me sentía mal porque hace mucho tiempo que no me conecto con la eternidad», anotó el uruguayo Mario Levrero (1940-2004) en su diario. El belga-suizo Henri Roorda (1870-1925), de seudónimo Balthasar, autor de un librito excepcional titulado *Mi suicidio* que escribió justo antes de matarse, lo tenía clarísimo: «Necesito vivir con embriaguez: es necesario que en mi vida haya frecuentes momentos deslumbrantes. La poesía y la música pueden procurármelos. También me exalto cuando pienso en el trabajo que voy a emprender. ¿Nos pondríamos a la tarea si, antes que nada, no nos sintiéramos emocionados por la belleza que vamos a crear? [...] Necesito percibir, en el futuro inmediato, momentos de exaltación y alegría». Y más adelante llega a esta escalofriante conclusión, que me parece de gran lucidez: «Me había hecho de la vida una idea completamente falsa. Daba mucha importancia a todo aquello que es excepcional: el entusiasmo, la exaltación, la embriaguez [...]. El hombre normal es aquel que sabe vegetar». Es decir: el hombre que sabe vegetar, que es capaz de mirar con cegata tranquilidad el decorado sin ver que está pintado, no se suicida. Del tremendo Henri Roorda volveremos a hablar más adelante.

Necesitamos fomentar en nosotros cierto nivel de euforia porque la vida no nos es suficiente: «La existencia de la Literatura es la prueba evidente de que la vida no basta», decía Pessoa. De ahí también que tengamos ese temperamento tan adictivo, que recurramos con más facilidad al alcohol y otras drogas. Walker Percy, novelista y también médico, tras señalar la dificultad de vivir sin exaltación, se preguntaba: «¿Qué hizo Faulkner después de escribir la última frase de *El ruido y la furia*? Emborracharse durante una semana». Por otra parte, la obra y los momentos oceánicos se entremezclan y alimentan entre sí, nacidos de la misma necesidad de convencerse de que la vida merece la pena de ser vivida. Esto es, se originan en el mismo agujero. «Yo me dedico a escribir —dijo Patricia Highsmith— debido al aburrimiento que me produce la realidad y la monotonía de la rutina y los objetos que me rodean.» Y Bukowski: «Cuando se deja de escribir, ¿qué nos queda? La rutina. Movimientos mecánicos. Pensamientos huecos. No soporto la monotonía».

Así vamos todos por el mundo, a la caza de esas pequeñas burbujas de vida extraordinaria. Déjame que incluya aquí la celebración de dos *satoris*. El primero es un fragmento de *Autorretrato con radiador*, un texto autobiográfico de Christian Bobin:

Ayer por la tarde me enamoré de un árbol. Sus días transcurren al borde de una carretera secundaria, a unos diez kilómetros de aquí. Su follaje domina una parte de la carretera. Al atravesar la sombra que da, levanté la cabeza, miré sus ramas como al entrar en una iglesia los ojos se dirigen instintivamente hacia la bóveda. Su sombra era más cálida que la de las iglesias. [...] La aparición de este árbol hizo surgir en mí un silencio de total belleza. Durante unos instantes no tenía nada más que pensar, que decir, que escribir e incluso, por qué no, nada más que vivir. Me había elevado unos metros sobre el suelo, llevado como un niño en unos brazos verde oscuro, iluminados por las pecas del sol. Eso duró unos segundos y esos segundos fueron largos, tan largos que todavía duran un día después. [...] Lo que ocurrió ayer me colmó.

Y ahora ese bello poema de Rafael Guillén titulado «Ser un instante»:

La certidumbre llega como un deslumbramiento.
Se existe por instantes de luz. O de tiniebla.
Lo demás son las horas, los telones de fondo,
el gris para el contraste. Lo demás es la nada.

Es un momento. El cuerpo se deshabita y deja
de ser la transparencia con que se ve a sí mismo.
Se incorpora a las cosas; se hace materia ajena
y podemos sentirlo desde un lugar remoto.

Yo recuerdo un instante en que París caía
sobre mí con el peso de una estrella apagada.
Recuerdo aquella lluvia total. París es triste.
Todo lo bello es triste mientras exista el tiempo.

Vivir es detenerse con el pie levantado,
es perder un peldaño, es ganar un segundo.
Cuando se mira un río pasar, no se ve el agua.
Vivir es ver el agua; detener su relieve.

Mi vagar se acodaba sobre el pretil de hierro
del Pont des Arts. De súbito, centelleó la vida.
Sobre el Sena llovía, y el agua, acribillada,
se hizo piedra, ceniza de endurecida lava.

Nada altera su orden. Es tan solo un latido
del ser que, por sorpresa, llega a ser perceptible.
Y se siente por dentro lo compacto del hierro,
y somos la mirada misma que nos traspasa.

La lucidez elige momentos imprevistos.
Como cuando en la sala de proyección, un fallo
interrumpe la acción, deja una foto fija.
Al pronto el ritmo sigue. Y sigue el hundimiento.

La pesada silueta del Louvre no se cuadraba
en el espacio. Estaba instalada en alguna
parte de mí, era un trozo de esa total conciencia
que hendía con su rayo la certeza absoluta.

Ser un instante. Verse inmerso entre otras cosas
que son. Después no hay nada. Después el universo
prosigue en el vacío su muerte giratoria.
Pero por un momento se detiene, viviendo.

Recuerdo que llovía sobre París. Los árboles
también eran eternos a la orilla. Al segundo,
las aguas reanudaron su curso y yo, de nuevo,
las miraba sin verlas, perderse bajo el puente.

Advertirás que hablamos de los momentos oceánicos de la misma manera que se habla de una pasión sentimental, con adoración y plena entrega (no en vano Bobin cuenta que se enamoró del árbol). Yo diría que, siendo como somos yonquis de la intensidad, la mayoría de los escritores también poseemos un corazón fácilmente inflamable. Vamos, que somos propensos a la pasión, a caer transidos y flechados por unos y por otras. Más aún: muchos de nosotros equiparamos de algún modo el amor y la obra: «No conozco más que dos formas de darle sentido a mi vida o de hacerme creer que lo tiene: amar a alguien y escribir libros», dice Claire Legendre. Tremendamente apasionada fue Sylvia Plath durante toda su corta vida; de hecho, su leyenda dice que se suicidó por amor, después de que su marido, el poeta Ted Hughes, la abandonara (no creo que esto sea del todo cierto: hablaremos de ello en otro lugar). El colombiano Héctor Abad parece tener también un corazón pirómano:

«Creo que me enamoro así, tan súbita y desesperadamente, solo como una forma de tener gasolina interior para poder escribir». Y Emmanuel Carrère viene a decir lo mismo, aunque reduciéndolo con prudencia defensiva al ámbito carnal: «Si estoy escribiendo un libro [...] a veces son, junto con el sexo, los más grandes momentos de mi vida, esos en los que me digo que vale la pena vivir».

Estoy muy de acuerdo. Mi libro *La loca de la casa*, publicado en 2003, comienza precisamente con estas palabras: «Me he acostumbrado a ordenar los recuerdos de mi vida con un cómputo de novios y de libros. Las diversas parejas que he tenido y las obras que he publicado son los mojones que marcan mi memoria, convirtiendo el informe barullo del tiempo en algo organizado». O, lo que es lo mismo, transmutando la grisácea llanura de la existencia en una desordenada hilera de perlas de luz. Siempre he encontrado un paralelismo perfecto, una semejanza esencial entre la escritura y los amores tórridos. De entrada, ambas experiencias exigen una entrega absoluta a lo imaginario. No descubro nada cuando digo que, al enamorarnos locamente de alguien, no estamos viendo la realidad de ese alguien, sino que lo utilizamos como percha para depositar sobre él o sobre ella el ectoplasma del amante ideal. A esto san Agustín lo llamaba *amar el amor*; porque los apasionados no amamos a las personas, sino la excitación, el maravilloso subidón que nos proporciona el hecho de creernos enamorados. Por eso el apasionado típico repite una y otra vez el mismo esquema: arroja sobre el primero que le viene a mano su modelo de adoración ideal y lo sostiene pedaleando con la imaginación a toda marcha durante algunos meses, hasta que la realidad va desgastando y pudriendo el espejismo. Momento en el cual apagamos el reflector con el que proyectábamos sobre el otro o la otra la diapositiva del amado perfecto y nos vamos con la música a otra parte, es decir, con el ansia de intensidad intacta y el mono de la abstinencia aullando en la barriga, a la búsqueda de otro maniquí de carne y hueso sobre el que inventarnos al hombre o la mujer soñados.

Si lo miras bien, es muy parecida a la manera en que nos inventamos a los personajes de nuestros libros.

Escribir una novela, creo haberlo dicho antes, es un largo viaje. En mi caso puedo pasarme dos o tres años pensando, desarrollando y redactando el texto. Durante todo ese tiempo vives desdoblada; por un lado está tu vida cotidiana, la cronología que compartes con los demás, y por otro está la historia de la novela, que puede suceder en otra época, en el siglo XII o en el XXII, o que quizá se extienda a lo largo de treinta o cuarenta años del protagonista. Al principio de la redacción de un texto, la parte de acá, la vida tangible, tiene mayor peso; pero a medida que avanza la historia, la vida imaginaria va adquiriendo cada vez más relevancia, hasta el punto de que, en ocasiones, llegas a sentir que la existencia es más real al otro lado, y que solo regresas a este mundo por razones puramente prácticas, tales como comer y dormir. Además, cada novela tiene su temperatura emocional; puedes estar escribiendo una historia triste, o luminosa, o amedrentante, o esperanzadora. Durante esos dos o tres años, en tu vida terrenal pasas por diversos altibajos anímicos: te duelen las muelas, te dan un premio, te despiden del trabajo. Pero cada vez que entras en la novela, entras también en los sentimientos predominantes de la historia que estás redactando. Y esa vida de ficción es tan poderosa que te permite continuar navegando, mal que bien, por casi todas las circunstancias de tu vida. Ya he explicado que saqué adelante la primera novela de Bruna Husky pese al mazazo descomunal de la enfermedad y la muerte de mi pareja. Pues bien: lo que nunca he logrado hacer es seguir escribiendo si me enamoro.

Me ha sucedido un par de veces. Estar trabajando en una novela y de repente, zas, caer rendida a los pies de alguien. Uno de esos amores fulminantes, de cerebro en llamas y corazón derretido (antes era más así: me estoy intentando quitar, aunque es difícil). Y esa pasión me sacaba violentamente de mi libro; no solo me impedía escribir, es que ni siquiera podía pensar en la historia. Creo que toda mi capacidad creativa se concentraba en el torbellino sentimental: mi imaginación quedaba secuestrada por la necesidad de inventar al amado. Por fortuna, los amores eternos vienen a durar entre dos y tres meses; pasado ese tiempo, podía volver a la novela, como quien regresa de un viaje muy largo.

Y aún hay algo más: el amor encendido no solo se relaciona de manera profunda con la creación, sino también con la locura. La pasión es una suerte de enajenación, es salir de ti misma y asomarte al espacio exterior de la cordura, allí donde hay cometas fulgurantes, pero también una negrura aterradora. La posibilidad de enloquecer de amor es un lugar común dentro de la sabiduría popular y desde luego una experiencia personal bastante habitual. Yo misma he sentido a veces que una pasión ardiente me colocaba en el ventoso filo de un acantilado, y no por miedo a que el amado no me quisiera, sino más bien por terror a descubrir que en realidad yo no quería al amado y que todo era, de nuevo, pura tramoya. «Evito enamorarme porque puede desequilibrarme mucho», dice Eva Meijer (1980) en su libro *Los límites de mi lenguaje*. Y la canadiense Nelly Arcan (1973-2009), en su novela autobiográfica *Loca*, otro de esos textos escritos desde el borde de la insania, equipara el amor fracasado con la demencia. Nelly se hizo famosa con su primer libro, *Puta*, basado en su experiencia como prostituta. Cuando cumplió quince años se prometió a sí misma suicidarse al llegar a los treinta; a tal efecto, hincó en un muro de su casa «un clavo enorme» para colgarse, el cual, paradójicamente, quizá le ayudara a superar la fecha fatídica («el pensamiento del suicidio es un poderoso medio de consuelo: con él se logra soportar más de una mala noche», dijo Nietzsche). Pero de todas formas su perseguidora la acabó atrapando: se ahorcó en 2009, a los treinta y seis años. He aquí, por lo tanto, una trinidad alucinatoria que suele ir de la mano: creatividad, tendencia al desequilibrio mental, amores torrefactos.

Hace muchos años, casi en otra vida, estuve de vacaciones en las islas del Rosario, en el Caribe. Un amigo de la amiga con la que viajaba nos llevó a dar una vuelta en su barco. Fuimos mar adentro, en unas aguas plagadas de tiburones, y echó el ancla en mitad de la nada. No se vislumbraba tierra por ningún lado, pero estábamos encima de un arrecife de coral, de modo que el fondo se veía con cristalina transparencia apenas a un par de metros de profundidad. El anfitrión nos instó a mirar el arrecife con esnórquel: era totalmente seguro, explicó; con tan poca profundidad no entraban los escualos. Yo no había buceado jamás, no nado muy bien y me da miedo el océano, pero el lugar parecía tan hermoso y la oportunidad tan única que no quise perdérmelo. Me eché al agua con el tubo y durante cinco o diez minutos aquello fue el paraíso: deslumbrantes danzas de peces multicolores, sedosas melenas de anémonas marinas, cabrilleos de sol como diamantes rotos. Estaba tan feliz contemplando ese esplendor cuando di una brazada y giré hacia la derecha, y de pronto me encontré sobre una sima de una negrura absoluta, sobre un agujero en el arrecife que se abría a la vertiginosa profundidad del fondo del mar. Primero sentí que me caía, que el pozo me tragaba, que no había agua capaz de sostenerme; y luego imaginé a los tiburones saliendo con las fauces abiertas de ese infierno helado y abisal. Comencé a patalear y a manotear y a tragar agua; conseguí llegar al barco a duras penas hecha un eccehomo, con las manos y las piernas destrozadas por los filos del coral, chorreando sangre.

Nunca más he vuelto a bucear y mi miedo al mar se incrementó, pero lo más importante que me quedó de aquella experiencia fue una poderosa imagen simbólica del agujero negro de la vida. La realidad tiene para mí esa misma, dudosa consistencia. A veces parece ser un arrecife amable y bello, pero por debajo se agolpan las tinieblas, sin forma ni sentido y habitadas de monstruos.

O también, para no ponernos tan tremendos: ¿has visto por casualidad alguna vez de día una discoteca en la que la noche anterior te lo has estado pasando genial? En la oscuridad, con las luces estroboscópicas y los neones y los metales brillando bajo los focos, con la música retumbando, los sillones de terciopelo mullido y los vasos llenos de bebidas iridiscentes, el lugar parece un sitio formidable. Pero, ay, pongamos que te has dejado olvidadas las gafas y que regresas a la mañana siguiente a recogerlas; una bombilla mortecina ilumina un espacio raído, sucio y mísero. Las tablas del suelo están astilladas y llenas de manchas, las paredes sudan humedades y el tapizado de los sofás muestra tantos estratos de mugre pretérita que hasta te maravilla haberte sentado sobre eso y no haber salido embarazada. Pues bien, ese es el decorado al que me refería. Y esa la descorazonada realidad que se intuye detrás. La existencia es una discoteca barata vista a la luz del día. Y así, al igual que el delirio del psicótico es una defensa de su mente, que se esfuerza en dar sentido a un mundo incomprensible, las novelas son delirios controlados para intentar apuntalar una realidad demasiado precaria.

Te lo repito: algo nos falla en la cabeza a ese porcentaje de gente más creativa; algo nos impide creer a pies juntillas en el espejismo de la «normalidad». Ya lo decía Calderón de la Barca: la vida es una ilusión, un frenesí. Una fina capa decorativa que se nos deshace con facilidad bajo los ojos, dejándonos ver con demasiada frecuencia el terciopelo manchado del sofá, el horror del abismo marino. «A veces retumba como un trueno dentro de mí el sentimiento de la total inutilidad de mi vida», decía de manera sobrecogedora Virginia Woolf. Y Eva Meijer: «Llevamos la oscuridad en nosotros. La muerte ya está en el cuerpo, mientras vivimos. Somos seres transitorios». Se me ocurre que la mayor parte de los humanos no están todo el rato dándole vueltas al mismo agujero; no se

Erin McKinney, una mujer autista: «No hay duda de que el autismo me complica la vida, pero también la hace más hermosa. Cuando todo es más intenso, entonces lo cotidiano, lo prosaico, lo típico, lo normal... Todo eso adquiere relevancia». Ya he contado en este libro que John Nash, el matemático que superó un trastorno esquizofrénico y ganó un Nobel, añoraba la intensidad de sus delirios. A Alda Merini, la gran poeta italiana que anduvo entrando y saliendo de psiquiátricos, le pasaba igual: «He escrito siempre como en estado de sonambulismo. La salud mental es un lavado de cerebro que te borra las cosas que te son más queridas». Pero es Kate Millett, la peleona y reivindicativa Kate Millett, aquella que dejó de tomar litio y tuvo un brote maniaco y fue internada a la fuerza, quien reclama más respeto por la demencia: «¿Y si hubiera algo al otro lado de la locura, si cruzada esa línea hubiera cierta comprensión, una sabiduría especial? ¿No recuerdas las veces que te dijiste, que te juraste que nunca olvidarías lo que habías visto y aprendido, que era lo bastante valioso para justificar tu sufrimiento?». Yo diría que tiene su parte de razón. No en vano en la antigüedad los locos eran considerados videntes, eran aquellos individuos capaces de observar la desnudez del mundo por debajo del engaño de las cosas: los egipcios creían que tenían una relación privilegiada con los dioses, y en griego clásico al adivino se le llamaba *mantis*, una palabra que se supone relacionada con

cas identidades quedan expuestas, como sucedió con JT LeRoy, ese supuesto chapero, drogadicto e hijo de prostituta que resultó ser Laura Albert, una joven tan hecha polvo como el personaje que se había inventado, lo cual no impidió que la audiencia la masacrase.

La hambruna de una realidad firme y tangible está tan extendida que muchas personas, aun sabiendo que están leyendo ficción, tienden a creer que lo que sucede en una novela es lo que le ha pasado al escritor. Ya he dicho que mi libro *La hija del caníbal* está protagonizado por una mujer, Lucía, que es muy corta de estatura, hasta el punto de tener que vestirse en la sección de niños de los grandes almacenes. Pues bien, más de una vez he ido a un acto público a hablar de esa novela y alguno de los asistentes ha exclamado con decepcionada sorpresa: «¡Pero si no eres bajita!». Esta identificación de los avatares narrativos con la biografía del autor suele incrementarse, me parece, cuando la obra está escrita por una mujer, pero a los hombres también les sucede. Hay un memorable prólogo que Vladimir Nabokov hizo a una nueva edición de su novela *Lolita* dos o tres años después de la primera publicación. El escritor explicaba que, en ese tiempo, había recibido innumerables cartas insultantes en las que se le recriminaba que hubiera abusado sexualmente de una niña. Nabokov contaba todo esto muy indignado, pero lo más desternillante es que lo que le sacaba de verdad de sus casillas no era que lo confundieran con un pederasta, sino que alguien hubiera podido creer que esa sofisticadísima y magistral construcción literaria fuera simplemente el diario de un tarado. Por cierto, aprovecharé la oportunidad para decir que no, que *Lolita* no es una obra a favor de la pedofilia, al contrario; en las páginas finales, el autor te revuelca y te destroza por no haber sido más crítico con el personaje. De hecho, recientes estudios biográficos sostienen que Nabokov sufrió abusos en la infancia, y que de ahí proviene su interés por el tema. Sea como fuere, es una novela maravillosa.

Como yo no confío nada en la realidad y considero que el mundo es un embeleco, me gusta jugar en mis novelas con la ambigüedad, con los resbaladizos límites entre lo verdadero y lo imaginario, con los estratos de sombras que nos rodean. Y debo decir que a algunos lectores esta imprecisión les desasosiega o incluso les irrita. En *La loca de la casa*, por ejemplo, cuento tres veces de manera distinta la misma historia, y he recibido innumerables cartas en las que, o bien me comunican que hay una errata en el libro, o bien me preguntan imperiosamente cuál es la versión auténtica (no lo es ninguna). Algo más extremo me ocurrió con *La carne*, en donde recojo varias historias de escritores malditos, todas reales salvo una autora que me invento. Pues bien, un lector me increpó en las redes al respecto, diciéndome que se sentía estafado. Que se lo había tragado a pies juntillas y que había ido a googlear el personaje y no existía. Pero hombre, es que es una novela, contesté, sintiéndome más bien halagada por su credulidad. Es una mentira, respondió, iracundo. No conseguí que amainara su furia, y lo lamento: supongo que rocé alguna zona sensible. Le pido disculpas desde aquí si se sintió herido. Pero, por otra parte, el incidente me hizo reflexionar no solo sobre la famosa verdad de las mentiras literarias (lo esencial solo se puede contar por medio de metáforas, leyendas, mitos y ficciones), sino también sobre las muchas mentiras que componen aquello que llamamos verdad. Los humanos somos una pura narración, somos palabras en busca de sentido. Epicteto decía, con razón, que lo que le afecta al ser humano no es lo que le sucede, sino lo que se cuenta de lo que le sucede. De modo que, si cambias el relato, cambias la vida, como lo demuestran las numerosas terapias que, como el psicoanálisis clásico, se basan en la construcción de una nueva narrativa personal. Por no hablar de la memoria, que es una pura fantasía, un cuento que evoluciona con los años. Somos todos novelistas, escritores de un único libro, el de nuestra existencia. Y menos mal que podemos echar mano de las mentiras para darle cierta apariencia de orden y destino a este caos, o la vida sería en verdad inhabitable.

Y ahora déjame que te confiese algo: en este libro que ahora estás leyendo también hay ficción.

No en las citas, no en los datos, no en aquellos detalles biográficos en los que sustento mis teorías. Pero sí, hay ciertos ingredientes que son imaginarios. Aunque lo más interesante es que precisamente las partes que no son verdad son las más verdaderas. Representan de una manera más profunda esa vibración en la frontera de lo tangible, esa realidad brumosa y resbaladiza que para mí es la esencia del mundo. «Sé que a veces hace falta mentir para que salga a la luz la verdad», decía Tove Ditlevsen.

TORMENTA PERFECTA DOS

El 24 de agosto de 1953, Sylvia Plath se tragó todas las píldoras de dormir de su madre y se ocultó para morir debajo del porche de la casa familiar en Wellesley, Boston, para lo cual tuvo que meterse reptando en un estrecho y lóbrego resquicio que había entre el entarimado y el terreno. Tenía veinte años.

Su desaparición levantó enseguida un enorme interés en todo el país: era joven, era rubia, era guapa, era alumna de Smith College, una de las más elitistas universidades femeninas. Durante su ausencia aparecieron 253 artículos sobre ella en diarios y revistas de costa a costa de Estados Unidos. Todos hablaban de «*the beautiful Smith girl missing at Wellesley*», la preciosa muchacha de Smith desaparecida en Wellesley. Cuando la encontraron, tres días más tarde, gracias a que su madre oyó un gemido, no parecía tan bonita. No solo se encontraba deshidratada e intoxicada, sino que tenía una brecha en la frente que, al parecer, con la elevada temperatura y la humedad de esa zona en agosto, se había llenado de gusanos. Sylvia hace una referencia a ese detalle horripilante en su tremendo poema «Señora Lázaro», escrito cuatro meses antes de matarse: «Tuvieron que llamarme y llamarme / y quitarme los gusanos uno a uno como perlas pegajosas». Estuvo a punto de perder el ojo, pero al fin se recuperó. No se sabe si la herida se produjo al recobrar vagamente la consciencia en su agujero e intentar incorporarse; o si, por el contrario, al volver en sí y ver que no había muerto, se golpeó la cabeza a propósito para acabar de una vez.

Unos días antes había sido sometida a la espantosa tortura de los electrochoques en vivo y sin duda el terror a que pudieran volver a aplicárselos influyó en la tenacidad que empleó en aquel suicidio. En su novela autobiográfica *La campana de cristal*, la protagonista, Esther, describe cómo ha intentado suicidarse un par de veces infructuosamente (en el mar, dejándose ahogar, y asfixiándose con el cordón de una bata) y cómo se plantea si abandonar el plan: «Pero entonces recordé al doctor Gordon y su máquina privada de electrochoques. Una vez me encerrasen, podría usarla conmigo a todas horas». Sin duda hubo otros ingredientes que contribuyeron a aquel hundimiento psicológico. Sylvia, huérfana temprana (su padre murió cuando ella tenía ocho años), fue una niña prodigio con un coeficiente intelectual de superdotada (CI 160); publicó su primer poema con ocho años y a partir de ahí le sacaron muchos más en diversos periódicos y revistas regionales, hasta que a los diecisiete aparecieron sus versos en el prestigioso medio nacional *The Christian Science Monitor*, una verdadera proeza para su edad. Quiero decir que llevaba una carrera meteórica. Pero, cuando llegó a la vida adulta, las cosas empezaron a torcerse. No parece que en la universidad le fuera muy bien: era demasiado rara y no encajaba. «Necesito gustar desesperadamente, porque durante mucho tiempo he sido consciente de mi impopularidad y me avergonzaba», escribe en sus diarios. Y anota esta experiencia humillante: «Nancy Colson y otra chica me acompañaron paseando a casa al volver de la reunión de los Scouts. Cada vez que empezaba a contarles algo se echaban a correr entre risitas, y, como yo no lo entendía, desconcertada, salía corriendo detrás de ellas hasta perder el aliento. Luego descubrí que habían acordado echar a correr para evitar tener que escuchar mis rollos interminables y soporíferos».

Tampoco le iba bien con los hombres, con esos amores que buscaba con ansiosa desesperación. No se entendía con los chicos que conocía y temía no ser lo suficientemente atractiva. Además, le horrorizaba el machismo reinante, lo que su entorno esperaba de ella por ser mujer. Su *alter ego*

Esther dice en *La campana de cristal*: «Sabía que, a pesar de todas las rosas y los besos y las cenas en restaurantes que un hombre prodigaba a una mujer antes de casarse con ella, en el fondo estaba deseando que acabara la ceremonia de la boda para tumbarla en el suelo y pisarla como si fuera el felpudo de cocina de la señora Willard [...]. Así que empecé a pensar que casarte y tener hijos era un lavado de cerebro y después ibas atontada como una esclava en un Estado totalitario privado». Tras su tercer año en la universidad, ganó una beca de un mes en Nueva York para trabajar en la revista *Mademoiselle*, pero en conjunto la experiencia fue decepcionante y catastrófica (lo cuenta en su novela). Aún peor, días después fue rechazada su solicitud al curso de escritura creativa en Harvard. Patológicamente perfeccionista como era, pensó que estaba fallando en todo, que su vida se estaba yendo por un sumidero. Sentía «un pánico inmenso, amenazante. Temor a fracasar intelectual y académicamente».

También anotó por entonces en su diario: «Un día, ay, antaño, conociste el secreto de la alegría, de la risa, y te atrevías a abrir puertas, pero lo has olvidado». Atención, porque esto es importante: Plath conoció el secreto de la alegría. Los amigos hablan de una «Sylvia sonriente», un gesto que al parecer era en ella habitual; hay diversas fotos suyas con aspecto exultante, y la propia Plath describe momentos de «euforia, felicidad radiante, éxta-

diar en Inglaterra. Y allí, en febrero de 1956, a los veintitrés años, conoció a Ted Hughes, un prometedor poeta inglés de veinticinco al que ella ya había leído con gran admiración. Coincidieron en una fiesta y de repente aquel «tipo altísimo, moreno y atractivo», cuyo nombre ignoraba, se acercó y la miró a los ojos. Resultó ser Hughes, y Sylvia empezó a hablarle a gritos de lo que le gustaban sus poemas. «Y entonces me estampó un sonoro beso en la boca y me arrancó el pañuelo que llevaba en el cabello [...] y mis pendientes de plata favoritos: "¡Ah, me los quedo!", aulló. Y cuando me besó el cuello yo le mordí la mejilla un buen rato, muy fuerte, y cuando salimos de la habitación la sangre le corría por el pómulo.» Fue un comienzo muy adecuado para dos yonquis de la intensidad. Sylvia escribe en su diario: «¡Estoy tan hambrienta del estallido de un amor fabuloso, abrumador, creativo!». Ambos tenían más o menos pareja por entonces, pero rompieron con ellas en las siguientes semanas. En el caso de Plath, fue su amante, Richard Sassoon, quien la dejó plantada en París. Pero lo cierto es que ella ya estaba muy encandilada con Hughes, con quien había mantenido un primer encuentro amoroso más bien feroz: «Llegué a París el sábado a primera hora de la tarde agotada tras la noche de insomnio y holocausto con Ted en Londres [...] me lavé la cara, que estaba hecha un cromo: tenía un morado de Ted y también magulladuras en el cuello [...]. Fui toda marcada... Negro y azul. Fue terrible». A Plath le gustaba el sexo fuerte; al parecer también había sido así con Sassoon. Con Ted se convirtió en algo habitual («tras un buen violento sexo, por la mañana ternura y milagro»), pero lo malo fue que la agresividad acabó desbordando los límites de la cama.

El 16 de junio, apenas cuatro meses después de aquel premonitorio mordisco en el pómulo, se casaron y se fueron en una larga luna de miel a España. Poco antes Sylvia había escrito en su diario: «Ahora sabes que nunca conocerás a otro poeta tan gigantesco y dotado como Ted (te hace sentir diminuta: está muy seguro de sí); no es cariñoso y no puede darte amor, solo su cuerpo». Era una observación bastante lúcida, pero enseguida Plath decidió concentrarse en inventar una pasión sublime con su poeta. Estuvieron juntos seis años; vivieron y trabajaron un tiempo en Estados Unidos y luego regresaron a Inglaterra, en donde nacieron sus dos hijos. Y todo ello fue anotado y comentado en los diarios que llevaba la escritora (tras la muerte de Sylvia, Ted destruyó los cuadernos de los últimos meses).

A juzgar por sus textos, solo hay dos cosas que le interesan a Plath. La primera es la obra, su propia obra, por la que arde de manera absoluta, casi diría que patológica, si no fuera porque creo que todos nos relacionamos con la creatividad a través de cierta patología, como me parece que ya he dejado claro en este libro. «Quiero expresar mi ser del modo más pleno posible porque saqué de no sé dónde la idea de que eso justificaría mi existencia», anota Sylvia, y tiene razón. La obra parece justificarnos, mejorarnos, proporcionarnos el perdón necesario para nuestras faltas y nuestros errores. Lo que ocurre es que la inseguridad de Sylvia es aún mayor que la inseguridad del autor medio, y lo mismo podemos decir de la furia y el desprecio con que se trata a sí misma. La *lítost* de Plath es descomunal, es una *lítost* que parece dictada por el marqués de Sade para infligir el dolor más refinado. La existencia de Sylvia es una constante pelea con la obra y carece casi por completo del inmenso placer de escribir que de cuando en cuando nos alivia e ilumina la vida a los demás. Todo el rato está mandando sus poemas aquí y allá y acumulando cartas de rechazo: «Por la tarde: un día espantoso; ha llegado la carta de *The New Yorker* devolviendo todos mis poemas [...]. Sensación de injusticia, indignación, llantos y tristeza». En ocasiones recibe hasta tres negativas a la vez. Cada mañana aguarda la llegada del correo con la misma ansiedad con que la amante esperaría al amado: «El corazón me da un brinco cuando veo al cartero en la calle».

Mientras tanto, a Ted le va bastante mejor. Lo premian, le valoran, le publican, le hacen buenas críticas. Esto incrementa, por comparación, la sensación de fracaso de nuestra escritora, aunque no parece suscitar su envidia. Y esto es así porque la segunda única cosa que le importa a Plath es su amor por Hughes. Un amor que ella sueña y necesita pluscuamperfecto, y que a veces glosa en sus diarios de manera hiperbólica: «Ted es maravilloso. ¿Cómo describirlo? Es íntegro. Y su piel fresca, fina y clara, tostada por el sol, huele como la de un bebé, como un campo de heno, como las fresas bajo las hojas, y tiene una gran cabeza de león con una mata de pelo majestuosa». Y más: «Todo mi ser ha crecido y se ha entrelazado de un modo tan completo con el de Ted que si algo le ocurriera a él ni siquiera sé cómo conseguiría seguir viviendo. Creo que me volvería loca o me mataría. No puedo imaginarme la vida sin él». Y aún más: «Estoy casada con un auténtico poeta que ha redimido mi vida: amarlo, servirle y crear para él». Conclusión: «Juntos somos la pareja más fiel, más creativa, más sana que pueda imaginarse».

Tras la publicación en 2020 de *Red Comet* (Cometa rojo), la magnífica biografía de Plath escrita por Heather Clark, sabemos que Sylvia no anotó en sus diarios las peores cosas que le sucedieron con Hughes, aunque se las contó a otras personas, como a su psiquiatra Ruth Beuscher. Yo diría que la escritora intentaba olvidar lo malo para poder creerse la Maravillosa Historia De Amor Entre Los Dos Sublimes Poetas que se había empeñado en construir, un producto imaginario en el que quizá invirtiera tantas energías como en sus propios textos y que estaba destinado no solo para ella misma, sino también para la posteridad. Y es que tengo la sensación de que una de las cosas que contribuyeron a la desgracia de Plath fue su ambición desaforada y sin límites. Me parece que, más que escribir, quería triunfar, por eso le costaba tanto disfrutar. Ella misma lo intuye en algún momento: «¿No será que no encajo, que me da vergüenza, que soy corta, y por eso fantaseo en convertir mis sueños en novelas y en poemas espléndidos con los que deslumbrar?». Lo cierto es que no todo fueron rechazos ni mucho menos: poco a poco iba consiguiendo que la publicaran, incluso en *The New Yorker*. Y sacó su primer poemario, *El coloso*, en 1960, a los veintiocho años. Por todos los santos, aún era jovencísima y se iba labrando una carrera, pero a ella nada le era suficiente. Quería la consagración absoluta e inmediata, perseguida, quizá, por este miedo: «Lo que más me horroriza es la idea de ser una inútil: haber recibido una buena formación, haber sido una brillante promesa y desperdiciarme convirtiéndome en una mujer madura sin ningún interés». Ser niño prodigio dificulta muchísimo crecer.

Ahora bien, pese a su esfuerzo en sublimar a Ted, en el diario se cuelan un buen puñado de anotaciones chirriantes. De entrada vemos a Sylvia perdiendo los papeles por servir a su hombre; le lleva zumos a la cama; trabaja más horas que él para mantener a la familia; lava, friega, barre, compra y cocina la comida, prepara cenas para los colegas profesores; pasa a limpio los textos de Ted en la máquina de escribir, los envía a las revistas, actúa de agente literaria de su marido; y pese a toda esa entrega se transparenta aquí y allá que recibe críticas por su desempeño: «Una discusión con Ted sobre coser los botones (algo que yo debo hacer)». O: «Sobre todo tenemos patatas, huevos, tomates y cebollas, pero espero conseguir recetas suficientemente variadas para el verano y evitar las protestas airadas de Ted». Lo de los botones es recurrente, porque dos años más tarde anota: «[Ted] les dijo a Marcia y Mike que yo le escondo las camisas, le desgarro los calcetines agujereados y nunca le coso los botones. Su defensa: "¡Pensé que así conseguiría que lo hicieras!". O sea que confiaba en poder manipularme avergonzándome». Además, el Amado Poeta Sublime no parece ayudar mucho en el terreno literario a su Sublime Poeta Amada: «No debo contarle nada a Ted, que aprovechó la nota con que P-J.H.H. rechazaba mi artículo sobre las ratas de agua, que no leyó, para lanzarme un discursito: "Bueno, es lo que pasa con todos tus textos: el problema es que son demasiado generales". Así que no me tomaré la molestia de enseñarle mi último cuento». En su desesperación Plath usa mayúsculas: «Tengo que intentar escribir los poemas. NO LE ENSEÑES NINGUNO A TED. A veces siento que me paraliza: su opinión es demasiado importante para mí». Aunque mi anotación preferida en este terreno pertenece a los últimos diarios: «Desde que empecé a escribir mi novela (que Ted nunca leyó), Ted ha estado despreciando la novela como forma literaria diciendo cosas como que él nunca se molestaría en escribir una». Delicioso, ¿no? No es de extrañar, en fin, que Sylvia también anotara este párrafo terrible: «Haber nacido mujer es mi tragedia. ¿Por qué tienen que quedar relegadas a la posición de quien controla las emociones, cuida de los hijos, alimenta el espíritu, el cuerpo y el amor propio de los hombres?».

Hay más oscuridad en la vida de la pareja. Mucha, muchísima más oscuridad. De hecho, algo que al parecer Sylvia tampoco refleja son sus propios ataques de rabia y de violencia. Tan solo asoman sesgadamente en los diarios: «El domingo, una pelea absurda con Ted, cuando nos vestíamos para ir a cenar al Wiggin's, porque me acusaba de haber tirado sus horribles gemelos viejos, como ya hice con su abrigo e incluso con su libro sobre las brujas porque nunca he soportado los pasajes sobre la tortura [...]. Así que salí de casa corriendo, asqueada. Como no podía ir en coche a ningún sitio, regresé. Ted se había ido. Me senté en el parque, completamente oscuro, inmenso, ominosamente lleno de Ted o de su ausencia». En sus arrebatos, Plath tiraba o destruía cosas de Ted. La tropelía más célebre y sonada consistió en romper uno de los manuscritos de su marido; volveremos a eso luego y lo contaremos en detalle, porque se trata de una pelea relevante.

Sin duda había violencia física entre ellos; hay un debatido párrafo en los diarios de Plath que, en la bonita traducción de la edición española, hecha por Elisenda Julibert para la editorial Alba, dice así: «Me torcí el pulgar, Ted llevó las marcas de mis garras durante una semana y recuerdo haberle lanzado un vaso con todas mis fuerzas desde la otra punta de la habitación a oscuras; en vez de romperse rebotó y quedó intacto. Me llevé unos cuantos golpes, vi las estrellas (por primera vez), unas estrellas rojas y blancas deslumbrantes, que surgían en mitad del oscuro vacío de los gruñidos y los mordiscos». Eso mismo han deducido otros editores de los diarios: que Sylvia vio las estrellas porque Ted le pegó. Sin embargo, el texto original es este, y más bien da a entender que fue golpeada por el rebote del vaso: «*I remember hurling a glass with all my force across a dark room; instead of shattering the glass rebounded and remained intact: I got hit and saw stars*». Sea como fuere, lo de la oscuridad de gruñidos y mordiscos dice bastante sobre la pelea. Fue en junio de 1958, en los primeros dos años de convivencia, cuando las cosas todavía no se habían estropeado demasiado.

Sylvia arañaba y mordía, pero Hughes era más grande y más fuerte que ella, y hoy sabemos que le pegaba. Lo admitió el mismo Ted en 1974. Lo cuenta Heather Clark en su biografía:

Hughes le dijo a Frances McCullough, que editaba los diarios de Plath, que Plath «había roto todos sus textos en pedazos, sus textos y sus notas». Ted dijo que esa fue una de las veces en las que había visto las furias de Sylvia, su «lado demoniaco, destructivo, como electricidad negra». Inmediatamente después de contar esta historia, admitió, tal y como McCullough recogió en sus notas, que «él solía abofetearla para intentar sacarla de sus furias, pero que no funcionaba. Y que una vez ella se volvió hacia la bofetada y se le puso un ojo negro, y fue al médico y le dijo que Ted le pegaba regularmente».

Vaya, esas mujeres tan torpes que se vuelven inesperadamente y ponen el ojo donde no deben. Pero hay algo aún más espeluznante. Verás, la pareja regresó a Inglaterra en diciembre de 1959; en abril de 1960 nació su primogénita, Frieda. Y en febrero de 1961, Plath sufrió un aborto natural. Tres semanas después de separarse de Hughes, Sylvia le escribió a su psiquiatra una carta en la que le decía: «Ted me golpeó físicamente un par de días antes de mi aborto [...]. Me pareció una aberración y sentí que le había dado algún motivo, había roto algunos de sus papeles por la mitad, de manera que podían ser pegados con cinta adhesiva de nuevo, no estaban perdidos, en un arranque de furia porque me había hecho llegar un par de horas tarde al trabajo, a uno de los varios trabajos que tenía para que pudiéramos subsistir. Él debía quedarse con Frieda». Que Sylvia lo considerara una aberración parece indicar que ese tipo de paliza no era habitual; pero, por otra parte, el pensar que «de algún modo se lo había ganado» es una estructura psicológica típica de las mujeres maltratadas.

Te voy a confesar algo: en mis notas primeras sobre este libro tenía pensado contar la historia de Sylvia y Ted de varias maneras. Escribir tres versiones diferentes. Cuando Plath se suicidó a los treinta años en febrero de 1963, Hughes fue acusado por la mayoría de la opinión pública de ser el causante de su muerte por haberse ido con otra mujer. Lo cual a mí me pareció siempre extremadamente reductor (y aún me lo parece). Con el paso del tiempo, el Poeta Laureado y bla, bla, bla Ted Hughes fue viendo cómo la estrella de su exmujer iba ascendiendo cada vez más alto en los cielos de la gloria, y cómo él era clasificado como el malo de la película por una parte cada vez más grande de la comunidad literaria mundial. Debió de ser desasosegante. Él no dijo nunca nada sobre el tema hasta que publicó en 1998, pocos meses antes de morir, su poemario *Cartas de cumpleaños*, del que hablaré luego. Pero la hermana de Ted, Olwyn, luchó toda su vida con furioso amor fraternal para intentar limpiar el nombre de Hughes y enfangar por consiguiente el de Sylvia Plath. Que es fácilmente enfangable, por supuesto. ¿O acaso no lo somos todos, si se nos mira con la suficiente cercanía? Bueno, unos más que otros, desde luego. Y Plath está llena de defectos. Sus furias colosales, sus cortocircuitos de *electricidad negra* seguro que existieron. Su desaforada necesidad de triunfar. Su perfeccionismo obsesivo. La incapacidad para ponerse en el lugar del otro: que los demás (salvo Ted) solo fueran considerados material para sus libros. En fin, no debía de ser una persona nada fácil para la convivencia. De modo que a mí se me había ocurrido escribir una primera versión con Hughes siendo un monstruo que destroza a la frágil Sylvia (como sostienen los más fanáticos seguidores de la escritora); una segunda versión con Sylvia Plath convertida en un verdadero demonio y con Hughes como víctima (según contó la fiel hermana Olwyn); y una tercera versión que ni fu ni fa, con los logros y las culpas repartidos, porque, según mi experiencia, en general la vida se manifiesta así, en una medianía de fallos y aciertos. Esa era mi idea, pero al final no me he animado a hacerlo. Porque después de leer los textos de los dos y un montón de libros, Ted Hughes me cae tan mal que no me apetece convertirlo en una víctima ni siquiera dentro de un juego literario.

Vamos llegando ya al final. A la gran pena, a la terrible tragedia. En agosto de 1961, seis meses después del aborto, Plath termina su primera novela, *La campana de cristal*, y en enero de 1962 nace Nicholas, el segundo hijo de la pareja. Para entonces la relación con Ted estaba muy mal. Plath se pasaba el día lavando pañales, y Hughes empezó a decirle que él no quería esa vida, que ese no había sido su proyecto, que Sylvia lo había convertido en un burgués. Dice la biógrafa Heather Clark que es posible que lo que acabara con el amor de la pareja fuera «la fama y sus legendarias tentaciones», porque Ted era un autor cuyo éxito empezaba a dispararse y el mundo parecía repentinamente lleno de mujeres que caían rendidas a sus pies de poeta. En ese terreno tan bien abonado hizo su aparición Assia Wevill, la esposa del escritor David Wevill, una mujer fascinante de asombrosa belleza, medio letona de origen, judía, traductora, tres veces casada, poeta primeriza y presumiblemente algo chiflada: había intentado apuñalar con una daga birmana en la entrada del metro a su segundo marido, el economista canadiense Richard Lipsey. Ted y Assia sintieron un flechazo nada más verse, pero la primera vez que hicieron el amor él fue tan violento que Assia salió corriendo y le dijo a su marido que Ted la había violado, por lo que David quiso matar a Hughes durante algún tiempo. En fin, un lío fenomenal de emociones volcánicas.

Y, mientras tanto, Plath lavando pañales.

Es muy posible que sufriera una depresión posparto. En junio de 1962 tuvo un accidente con el coche que conducía y cayó a un río. No hubo consecuencias, pero más tarde reconoció que había sido un intento de suicidio. En julio sus temores se confirmaron: se enteró de que Ted y Assia estaban liados. En septiembre, Hughes y Plath se separaron. «Él está queriendo matar todo lo que he vivido en los pasados seis años diciendo que estaba aburrido y harto de mí, una bruja en un mundo de hermosas mujeres que le esperan.» Pero sucedió algo positivo: en mitad de todo ese desgarro, Plath comenzó a escribir furiosamente los versos que saldrían publicados de manera póstuma en *Ariel*, el libro que la ha hecho más famosa. No me gustan por igual todos los poemas del volumen, pero algunos son brutales, sin duda lo mejor que había escrito hasta entonces. Fue una pena que muriera tan joven: desde mi punto de vista Plath era más una promesa que una realidad, y creo que no ocuparía el lugar que hoy ocupa en la literatura si su muerte no hubiera sido tan trágica. Pero qué talento y qué potencia se adivinaban en ella... ¿Hasta dónde habría podido llegar, con su perseverancia y su voluntad, si hubiera vivido?

El invierno de 1962-1963 fue el más frío en décadas. Las tuberías se congelaban, los niños de Sylvia, de dos años y nueve meses cuando se separaron, enfermaban a menudo, y en la casa en la que vivían no tenían teléfono. Y sin embargo Plath escribe en una carta: «Tengo un increíble cambio de ánimo, estoy exultante, más feliz de lo que he estado en años». ¿Qué es lo que ha sucedido para que diga esto? Heather Clark sostiene de manera muy convincente que a principios de ese otoño Sylvia ha empezado una relación amorosa con el escritor Al Alvarez, que es ensayista y poeta y además un crítico de gran prestigio, un personaje importante dentro del mundillo cultural británico. Alvarez aprecia muchísimo la obra de Plath y ha escrito reseñas muy favorables. De manera que Sylvia ha encontrado a otro hombre literariamente poderoso, al que ella puede admirar y que, oh, maravilla, resulta que también la admira a ella. A esto se suma el hecho de que está en plena vena creativa, escribiendo unos poemas que ella sabe que son los mejores que ha compuesto (y que Alvarez le alaba). Y, por añadidura, ha conseguido vender su novela a una editorial británica y se publicará en enero; como le parece demasiado autobiográfica y tiene miedo de que la lea su madre y otros aludidos protesten, la sacará con el seudónimo de Victoria Lucas. No me digas que firmar con el nombre de Victoria no resulta revelador. Ella confiaba en que la novela fuera un éxito sonado. Así que en conjunto las cosas parecían marchar bastante bien.

El 1 de noviembre, Sylvia le dedica un poema de amor a Alvarez y se lo envía en un sobre junto con un pétalo de rosa. Pero resulta que justo ese día, triste coincidencia, el crítico conoce a la mujer que se convertirá en su futura esposa. No hay nada que reprocharle a Alvarez: en primer lugar, el amor y el deseo son difícilmente controlables; pero es que, además, él también venía de un intento de suicidio ocurrido un par de años antes; tal vez la intensidad de Plath le resultara amenazadora. El caso es que esa posible historia de amor, que probablemente ya había comenzado a crecer y a correr en la imaginación de Plath, se acabó antes de empezar. Y me temo que pudo terminar de la peor manera, es decir, en la incertidumbre, en la atonía. Porque quizá solo se hubieran acostado una o dos veces, él no estaba obligado a darle explicaciones a ella, no tenía por qué decirle «esto se ha acabado», y, en ausencia de una declaración firme de fin, el enamorado sigue soñando con el futuro. Así que supongo que Sylvia coquetearía con él, le rondaría, intentaría que la relación creciera, se desconcertaría con sus evasivas, trataría de interpretar su comportamiento para deducir de él la respuesta a la pregunta del millón, a saber, si Alvarez la quería o no. ¿Quién no ha vivido uno de esos desoladores equívocos amorosos entre un amante que quiere amar y otro que se escapa, en los que al final el que aspira al amor termina sintiéndose ridículo? Me imagino a Sylvia adentrándose en el invierno helado, semana tras semana, mientras Alvarez se le escabulle entre los dedos.

Aún peor: diversas revistas empiezan a rechazarle los nuevos poemas, esos trabajos que ella sabe que son los mejores. Además, está buscando editor en Estados Unidos para su novela, y la cosa no está fácil. En diciembre, Knopf le comunica que no le interesa *La campana de cristal*. Para entonces Sylvia ya está bastante mal. Ha destruido el manuscrito de su segunda novela, en la que al parecer ponía por las nubes al personaje que representaba a Ted Hughes. En algún momento escribe una tercera novela, en la que, por el contrario, deja a Ted como un marrano. No se sabe qué sucedió con este borrador: quizá lo destruyó Hughes, quizá se lo llevó la madre de Sylvia. Incluso puede que algún día aparezca.

Plath se va hundiendo poco a poco. Cuando todo lo demás falla, la herida de la ruptura con Hughes vuelve a sangrar: «Le di mi corazón a Ted. Si él no lo quiere simplemente ya no puedo recuperarlo, lo he perdido». También escribe que Ted le ha dicho que sería muy conveniente que muriera, que por qué no se mata; lo cual suena más bien a una respuesta comprensible ante las amenazas de suicidio de ella. Hughes quiere ver a su hija y dice amar a Frieda, pero no le hace el menor caso al pobre Nicholas, y esta es una de las razones por las que lo aborrezco (Frieda es hoy escritora y artista; Nicholas, biólogo marino, se suicidó en 2009 a los cuarenta y siete años). «Siento que estoy haciendo el duelo de un hombre muerto, la persona más maravillosa que conocí», se lamenta Plath, que ha comenzado a fumar, no come, no duerme y ha perdido nueve kilos. En enero sale *La campana de cristal* en el Reino Unido y, aunque tiene críticas favorables, no sucede nada con ella. O sea, no es un éxito. Por añadidura, otro editor norteamericano, Harper and Row, rechaza la publicación de la novela. A mediados de enero, Sylvia le escribe una carta a Alvarez sugiriéndole ir al zoo con sus respectivos hijos (él tenía un niño) para poder ver el «verdigrís del cóndor» (el crítico había discutido con ella sobre el color verdigrís que Plath había adjudicado al ave en un poema), pero esta desesperada excusa para encontrarse con él no funciona: el hombre ni contesta. Qué vergüenza. La *lítost* tuvo que arder en la cabeza de Plath.

Desde principios de enero, Sylvia está viendo al doctor Horder, un buen hombre y un médico comprometido y dedicado a sus pacientes, pero que no parece que acertara demasiado con la medicación. Plath está tomando Nardil y Parnate, unos fuertes antidepresivos que ya casi no se utilizan; además, como está resfriada, toma por su cuenta codeína (un opiáceo), y también Drinamyl para dormir, una píldora que combinaba anfetaminas y barbitúricos y que más tarde fue retirada del mercado por su potencial nocividad. Un cóctel peligroso. Comienza a no lavarse; los amigos que la visitan en su casa advierten su olor acre. El 17 de enero se emite por la BBC una obra de teatro que Ted Hughes ha hecho para la radio y que es el relato de una ruptura. Es claramente autobiográfica y Sylvia queda retratada de una manera humillante y espantosa ante todo el mundo. El 27 de enero, a las ocho de la noche, Plath golpea la puerta de Trevor Thomas, su vecino. Tiene los ojos rojos e hinchados y llora desconsoladamente: «Voy a morir...

¿y quién cuidará de mis niños?», gime entre sollozos. Thomas la sienta en su sala, le da una copa de jerez. «Éramos tan felices. No quiero morir. Hay tantas cosas que quiero hacer», sigue diciendo entre lágrimas. El vecino deduce por sus palabras, comprensiblemente, que le acaban de detectar un cáncer terminal o algo así. «No, no. Es demasiado. No puedo seguir», contesta ella. Y le cuenta a Thomas que Assia y Ted están en España de vacaciones. He aquí otra de esas crueldades innecesarias que hacen tan detestable a Hughes: fue en España en donde él y Sylvia pasaron la luna de miel.

Antes dije que solo había dos cosas que le interesaban a Plath: su obra y el amor por Ted (o, más bien, el Amor con mayúsculas, sin más; creo que hubiera podido reinventárselo con Alvarez, por ejemplo). Pero en realidad había una tercera que quizá fuera la más importante, y era su lucha contra la locura: «El miedo a enloquecer, que a veces consigo dominar a duras penas, se ha desatado y se ha apoderado de mi estómago», escribió a los veinte años, antes de la primera crisis. Sus diarios dejan constancia del conmovedor y esforzado empeño de Plath por construirse una vida sana y feliz. Fue una batalla sin tregua. Ahora, en estos horribles, helados y oscuros días de principios de 1963, el pavor la atrapa nuevamente: «Lo que me horroriza es el regreso de mi locura, mi parálisis, mi miedo y visión de lo peor —una retirada cobarde, un hospital mental, lobotomías... [...]. Siento que necesito un ritual para sobrevivir de un día para otro hasta que empiece a crecer por encima de esta muerte... Pero sigo resbalando a este pozo de pánico y congelación».

El 9 de febrero la BBC volvió a emitir la desagradable obra teatral de Ted Hughes. El 11 de febrero, lunes, a eso de las siete de la mañana, Sylvia abrió de par en par la ventana del dormitorio de sus hijos, cubrió sus camitas con mantas extra y les dejó pan, mantequilla y dos pequeñas botellas de leche. Luego cerró la puerta del cuarto y selló el perímetro de la hoja con cinta adhesiva. A continuación bajó al piso inferior, se encerró en la cocina, tapó con más cinta y toallas todas las rendijas, abrió el horno, se sentó en el suelo, enchufó el gas y metió la cabeza hasta el fondo. La descubrieron tres horas más tarde. A las nueve venía una enfermera para quedarse con los niños, porque Plath había acordado con el doctor Horder que ese día se internaría en una clínica psiquiátrica. No se lo había contado a nadie.

Esa noche Ted había dormido con otra amante, Sue. Cuando le informaron del suicidio quedó, como es natural, en estado de shock. Varias personas le oyeron repetir: «Era ella o yo, era ella o yo». La historia con Assia siguió adelante, aunque con muchos desencuentros y rencillas. El ambiente literario londinense culpó a Assia de la muerte de Plath y le hicieron un vacío espectral: cuando entraba en una fiesta o una reunión, la gente le daba la espalda (pero no a Hughes, por supuesto: qué indignante). Ted y Assia tuvieron una niña, Shura; hay una foto de la pareja en la que él lleva a la cría en brazos. En marzo de 1969, seis años después de la muerte de Plath, Ted rompió con Assia. Dos días más tarde, la hermosa mujer tendió una manta en el suelo de la cocina, le dio somníferos a su hija, se tumbó con ella junto al horno y abrió el gas. Assia tenía cuarenta y un años; la inocente y desgraciada Shura, cuatro. Otra cosa que no entiendo es que Ted apenas las volviera a mencionar en toda su vida. Sobre todo, a su pobre niña asesinada (solo hay seis poemas sobre Assia y una desnuda dedicatoria para las dos en un libro). En 1998, pocos meses antes de morir de cáncer, Hughes publicó un poemario sobre su relación con Plath titulado *Cartas de cumpleaños*. Cosechó un éxito colosal, aunque a mí me parece que tiene cosas bastante lamentables: termina convirtiéndose en una justificación, en un ajuste de cuentas, en un nuevo intento de quedar él y su versión por encima de ella, de cara a la posteridad y aguijoneado como estaba por su cercana muerte. Y así, escribe vengativos y pésimos versos del tipo: «Como bate utilizaste aquel día el taburete / enloquecida porque llegué veinte minutos tarde para cuidar al bebé». O pomposas patochadas contra los críticos literarios que han ensalzado la figura de ella y criticado la de él: «Dejadles que meneen sus colas recortadas / que se ericen y vomiten / en sus simposios». En fin.

jarra de leche ya vacía.
Ella los ha plegado
de nuevo hacia su cuerpo como pétalos
de una rosa cerrada.

Es evidente que a Sylvia se le pasó por la cabeza la idea de asesinar a sus hijos (un crimen que suele estar asociado a las depresiones posparto, por cierto). Heather Clark sostiene que, entre otras cosas, Sylvia quizá se mató por miedo a hacerles daño. Lo cual resulta bastante razonable. Plath dejó una nota en la que decía que llamaran al médico y añadía el nombre y el teléfono del doctor Horder. Además, la noche anterior a su suicidio fue a hablar con Thomas, el vecino, y le preguntó a qué hora se iría a trabajar. A las ocho y media de la mañana, contestó él. Algunos han querido ver en esto un deseo de escenificar un suicidio y ser salvada. Pero tanto el médico como la policía, al ver el tremendo cuidado con que Plath había sellado la cocina y lo muy adentro que había metido la cabeza, estuvieron completamente convencidos de que quería matarse. La pregunta al vecino era tan solo una garantía más para sus hijos; la enfermera tenía que llegar en torno a las nueve, pero por añadidura, y por si acaso, el vecino saldría a las ocho treinta, olería el gas y daría la alarma, o eso pensó Sylvia, que creía que el fluido venenoso subiría hacia el piso superior. En realidad se coló en el de abajo, y Thomas quedó inconsciente durante doce horas y no falleció de milagro. Pero, en fin, parece claro que esperó para quitarse la vida hasta las siete de la mañana para que los niños no estuvieran mucho tiempo solos y en peligro.

Y ahora escucha: preparando este libro he descubierto que también para suicidarse hace falta una tormenta perfecta. Que el camino que lleva a alguien a la muerte está empedrado de un millón de coincidencias. ¿Por qué se mató Sylvia Plath? Por un cúmulo de circunstancias ambientales y biográficas que arrastraba, como, por ejemplo, la orfandad temprana, su infancia de niña prodigio, la impopularidad entre sus compañeros, la hiperexigencia, el perfeccionismo, una *lítost* exacerbada, el ansia de absoluto, el machismo reinante, la ambición desatada, el ideal imposible de un amor perfecto, una clara fragilidad psíquica. A esto unamos ahora los desencadenantes: su marido la deja, se enamora de otro y no es correspondida, se siente en ridículo, su expareja la humilla ante todo el mundo, piensa que está fracasando como escritora, teme que Ted le quite los hijos por su inestabilidad mental, está tomando un revoltijo de fármacos y, sobre todo, tiene terror a perder por completo la cordura, cosa que conlleva dos infiernos: por un lado, la espantosa posibilidad de hacer daño a sus niños; por otro, el castigo de una vida atroz. En *La campana de cristal*, Esther habla del tormento que le espera si está loca, y de cómo es preferible la muerte ante eso: «Al principio querrían darme los mejores cuidados, así que se fundirían todo el dinero en una clínica privada como la del doctor Gordon [el torturador del electrochoque]. Al final, cuando se quedaran sin blanca, me trasladarían a un hospital público, donde habría cientos como yo en una enorme jaula en el sótano. Cuanto más desahuciado estabas, más te escondían». Plath se mató, entre otras cosas, porque ese lunes iban a internarla en un psiquiátrico y, traumatizada como estaba por la terrible experiencia de su juventud, no podía soportarlo. Pero esto solo fue un componente más de la tormenta perfecta. Como también lo fue, sin duda, el fallo momentáneo de sus neurotransmisores, fomentado por el estrés, el miedo, las medicinas, la falta de sueño y de alimento. «No quiero morir. Hay tantas cosas que quiero hacer», le dijo sollozando a su vecino. La inmensa mayoría de los suicidas no quieren morir. Pero les sobreviene un torbellino de coincidencias nefastas que cristalizan, me parece, en un apagón. Esto es, les atrapa el ojo del huracán de la tormenta perfecta y no son capaces de sostener su vida. Con que desapareciera uno tan solo de los ingredientes de la maldita tempestad se salvarían. De modo que, si ves llegar un tornado arrasador, respira hondo y aguanta. Espera al menos un día, porque las borrascas siempre terminan por deshacerse.

Merodea la obra, como también merodea la locura. La cuestión es saber quién termina ganando.

ESTO ES LO QUE VEO

Desde hace unos nueve o diez años he empezado a colgar en mi página de Facebook fotos de lo que veo desde la ventana de los hoteles a los que voy en viaje de trabajo. Paréntesis de la pandemia aparte, la última década de mi vida ha sido un verdadero frenesí itinerante. Decenas de viajes, centenares al cabo de los años, a los cuatro puntos cardinales del planeta y por pocos días cada vez. No sé cómo se me ocurrió la idea de hacer las instantáneas y colgarlas; probablemente influyera el hecho de que en estos periplos siempre viajo sola. Supongo que es como hacerle un comentario a un amigo: mira dónde estoy, fíjate la habitación que me ha tocado, así es la pinta que tiene esta ciudad.

Son fotos malas, hechas con el móvil y además de forma apresurada, sin un cuidado estético especial. Lo que prima es el testimonio. La gracia de la imagen, si es que tiene alguna, consiste en que siempre retrato de verdad lo que veo por la ventana, sin adornarlo ni falsearlo. No cuelgo la foto para que la gente contemple una vista bonita, sino como un documento informativo de una esquina de la vida y del mundo (o de mi vida en el mundo). Así he conseguido una colección de vistas de lo más variopintas, unas cuantas verdaderamente descacharrantes por lo horribles. Hay un sector de amigos de Facebook que le han tomado gusto a esta costumbre y que comentan las instantáneas con cierta pasión. A mí, claro está, me resultan divertidas. Incluso he pensado en componer un día un librito con las fotos, o al menos con una selección, y añadir breves textos al hilo de las imágenes, porque son como gotas de tiempo encapsulado. Dejo aquí varios ejemplos de la vista de mis ventanas, algunos formidables, como este panorama vertiginoso de Hong Kong de 2018:

O esta maravilla en Antofagasta, Chile, en 2015:

O esta sobrecogedora imagen de 2019 de Buenos Aires iluminada por un relámpago nocturno:

Y esta serena belleza invernal en Grenoble, Francia, en 2017:

Pero luego hay también ventanas en diversos grados de lo deprimente, como estas estrecheces algo lóbregas de París en 2015:

O también un patiecillo de Málaga en 2019 (qué ternura esas macetas huérfanas que se juntan en el centro como para protegerse):

Este tremendo rincón en Bremen, Alemania, en 2016:

O esta no menos tremenda vista en Bilbao en 2018:

La última foto, por cierto, creó una verdadera ola de indignación entre bilbaínos orgullosos de su hermosa ciudad que hablaban hasta de demandar al hotel por ofrecer una vista semejante. Me conmovió y divirtió su furia e intenté explicar que, en realidad, la situación no es tan mala como parece. Que sí, que me encantan los panoramas hermosos, que los disfruto y levantan el ánimo, pero que en muchos de esos lugares apenas estoy una noche o dos, me paso todo el día fuera trabajando y a veces hasta agradezco una habitación interior con menos ruido para poder dormir. Y, por otra parte, ¿no es justamente de esto de lo que estamos hablando? ¿Del aparente brillo de la vida y la trastienda mísera? Esos patios pertenecen a hoteles aceptables, incluso a buenos hoteles, con vestíbulos bien pintados, luces que funcionan, zonas comunes en perfecto estado de revisión; pero, a poco que levantes una pizca la esquina de la alfombra de la realidad, enseguida descubres el moho, el caos que se agazapa y esa pequeña muerte que anida en el corazón de todas las cosas. La vida también es un patio sórdido tapado por una malla sucia y rota.

Llevaba ya un par de años publicando las fotos de las ventanas viajeras cuando me llegó un paquete de *El País* con el correo de los dos últimos meses (como mando mis colaboraciones por e-mail y no piso la redacción, cada cierto tiempo me reenvían las cartas que recibo allí) y, al abrir uno de los sobres, salió una foto de tamaño cuartilla. Era una imagen extraña: una casa modesta, una ventana con el trampantojo del dibujo de una anciana. Rebusqué en el sobre para ver si venía algo más, pero la imagen, impresa en papel fotográfico, era lo único que había. Di la vuelta a la cartulina y por detrás, con bolígrafo, en claras y bien dibujadas letras mayúsculas, decía: ESTO ES LO QUE VEO DESDE MI VENTANA. Esa es justo la frase con la que suelo colgar en Facebook mis instantáneas desde los hoteles. Volví a mirar entonces la imagen con más atención: era como si la frase la hubiera escrito la vieja que se acodaba en el alféizar. Una mujer pintada, es decir, de mentira, asomada a una ventana verdadera. Una anciana, además, con los ojos tachados. Sentí un escalofrío: la foto me parecía cada vez más siniestra. Y qué decir del pequeño ventanuco adyacente, de los barrotes oxidados, las botellas vacías, la úlcera de humedad en la base del muro. Lo supe con absoluta certeza: era un envío de la Otra. Un mensaje que yo no conseguía descifrar.

En los años siguientes he ido recibiendo, a través de *El País*, una decena de fotos más. Siempre anónimas, en sobres sin remite y con la frase ESTO ES LO QUE VEO (suprimió la referencia a la ventana) escrita a mano en el dorso. Son unas imágenes desoladoras: construcciones ruinosas, escaleras desconchadas, pueblos abandonados, pasadizos lóbregos. Te dejo aquí unas muestras:

Pero hace medio año recibí una foto diferente. En primer lugar, porque volvió a escribir por detrás la frase completa: ESTO ES LO QUE VEO DESDE MI VENTANA. Y porque era de verdad una vista desde una ventana, la única hasta ahora. Además, tampoco parecía una ruina o un lugar medio abandonado, como las otras. Incluso tenía algo hermoso...

algo espiritual. Podía ser la ventana de un antiguo convento. Con la línea quieta del mar, esa eternidad, allí a lo lejos. Aunque, entre la inmensidad de las aguas y la persona que contempla, están las rejas. La imagen, aún no sé bien por qué, me dejó acongojada.

Fue la última foto que recibí de la Otra. Unos meses después lo entendí todo.

COMO NACIÓ EL NIÑO

Ya que he tocado el proceloso tema del suicidio, voy a intentar profundizar un poco. He dicho antes que cada año se matan unas 800.000 personas en el mundo; y que, según un estudio sueco, los escritores tienen un 50 % más de posibilidades de suicidarse que la población general. Es un porcentaje elevadísimo.

Desde luego la lista resulta apabullante: Cesare Pavese, Romain Gary, Gérard de Nerval, Jack London, Maiakovski, Malcolm Lowry, Anne Sexton, Mishima, Walter Benjamin, Arthur Koestler, Paul Celan, Alejandra Pizarnik, Hemingway, Stefan Zweig, John Kennedy Toole, Sándor Márai, David Foster Wallace, Mariano José de Larra, Salgari, Horacio Quiroga, Alfonsina Storni, Gabriel Ferrater, Gilles Deleuze, Kawabata, Heinrich von Kleist o Leopoldo Lugones, por citar tan solo a un puñado de los más conocidos. Es interesante saber el método que utilizaron a la hora de abandonar esta vida, porque la forma de morir es un mensaje. Muchos escogieron la relativa dulzura de las pastillas, como Pizarnik o Pavese; pero el problema de los fármacos es que a menudo no funcionan, como le ocurrió a Sylvia Plath con su primer intento. Las armas de fuego son expeditivas (las usaron, entre otros, Hemingway y Sándor Márai), pero hace falta tenerlas a mano y además resultan tremendas para los que quedan por el escándalo de la sangre y el destrozo físico. Virginia Woolf, que ya había probado de manera infructuosa la sobredosis de tranquilizantes, se metió en el río con los bolsillos del abrigo llenos de piedras (un final helador: murió en un ventoso y frío mes de marzo). Hay suicidios especialmente antipáticos que parecen cometidos contra alguien, como el del romántico español Mariano José de Larra, que acosó malignamente a su examante Dolores Armijo, primero contándole a todo el país que habían tenido relaciones adúlteras (los dos estaban casados y era en pleno y represivo siglo xix) y después, cuando Dolores intentó romper con él, descerrajándose un tiro casi delante de ella, mientras la joven corría por el pasillo para escapar de la casa y de la vida del hombre.

También hay métodos de suicidio incomprensibles, aterradores. El más famoso, seguro que ya te ha venido a la cabeza, es el de Yukio Mishima, ese escritor japonés tan turbio y turbador que a los cuarenta y cinco años, después de intentar un golpe de Estado y fracasar, se mató ritualmente por medio del *seppuku*, lo que nosotros llamamos harakiri, esto es, rajándose el vientre con una daga en un corte horizontal por debajo del ombligo, lo cual produce la evisceración y una muerte espantosa. Junto a él estaba su amante y segundo en el mando, que se sacó igualmente las tripas, y como testigos, tres soldados de la fuerza paramilitar que Mishima había creado, la *Tatenokai* (Sociedad del Escudo). Uno de estos hombres fue el encargado de decapitar a los dos suicidas para abreviar su agonía. Un horror, en fin. Pero aún más horrible, más trágico y, por cruel desgracia para él, más ignorado es el suicidio de Emilio Salgari, el querido Salgari de las trepidantes novelas de Sandokán, que llenaron mi infancia de aventuras legendarias y países exóticos. Ese pobre Salgari que quiso ser marino, pero que tan solo se subió unas pocas veces a un barco escuela y después a un mercante en el que pasó tres meses por las costas de su Italia natal, probablemente como pasajero. Quiero decir que, contra lo que el propio autor sostuvo, parece que no hizo ningún otro viaje: este aventurero de corazón tuvo una existencia no solo sedentaria, sino miserable. Su padre se suicidó, su amada esposa enloqueció y tuvo que ser internada en un psiquiátrico, sus editores lo explotaban con contratos leoninos y, pese a su incesante trabajo y a la popularidad de sus li-

daderamente serio: el suicidio», dijo el gran escritor y filósofo francés Albert Camus (1913-1960) en su ensayo *El mito de Sísifo*. Me emociona revisar ahora el libro, décadas después de mi primera lectura, porque hoy lo entiendo de otro modo y hasta me parece una confirmación de mi teoría de que el suicida es un yonqui de la intensidad al que de repente se le apaga la luz, una persona a la que le es difícil relacionarse con la realidad porque a menudo la percibe como un decorado (la rutilante discoteca nocturna que, durante el día, es un local guarro y mísero). Y así, dice Camus que vivimos metidos en nuestras rutinas; que cada día nos levantamos, nos vestimos, desayunamos, trabajamos, regresamos a casa, cenamos, dormimos, volvemos a empezar. Hasta que un día *despertamos* y dejamos de encontrarle sentido a lo que hacemos. No olvides la terrible frase ya citada de Virginia Woolf: «A veces retumba como un trueno dentro de mí el sentimiento de la total inutilidad de mi vida». Es ese mismo vértigo, ese vacío. Si no hay una creencia religiosa a la que agarrarse, la existencia, bien mirada, es un absurdo. Y entonces te preguntas: ¿por qué continuar con todo esto?

Yo tengo una respuesta a esa cuestión: porque la vida se regocija en seguir viviendo. Es una contestación modesta, parcial, pero para mí, suficiente. Me basta con esa tautología existencial: vivo porque soy un ser vivo. Es decir, porque estoy hecha para ello. Algo parecido viene a decir Camus:

«En el apego de un hombre a su vida hay algo más fuerte que todas las miserias del mundo. El juicio del cuerpo vale tanto como el del espíritu y el cuerpo retrocede ante la aniquilación. Cogemos la costumbre de vivir antes de adquirir la de pensar». Camus hace una diferenciación clásica entre cuerpo y espíritu; yo creo, por el contrario, que lo que llamamos espíritu es también cuerpo y que está compuesto de relámpagos eléctricos y chapoteos químicos, pero supongo que todos entendemos a qué se refiere. Pues bien, mi teoría es que hay ocasiones en las que un elevado número de circunstancias (ambientales, culturales y biológicas) coinciden en una combinación fatal que hace que ese «apego del cuerpo» que dice Camus, ese don de la vida, se borre, se apague, se desconecte. Estoy segura de que son eclipses pasajeros, porque la fórmula exacta de los ingredientes del suicidio es tan compleja que basta con esperar un poco para que alguno de los factores desencadenantes desaparezca. Pero en esos instantes de zozobra puede pasar de todo. Es como un trasatlántico al que de repente se le paran las máquinas y cuya inercia lo dirige hacia las rocas: si no consigue volver a encender pronto las turbinas para cambiar el rumbo, terminará estrellándose.

Como sabes, Camus murió en el acto a los cuarenta y seis años en un estúpido accidente de tráfico cuando reventó la rueda del coche que conducía su amigo y editor Michel Gallimard. Fue una pena, porque estoy segura de que a mi admirado, apasionado y empático Camus le quedaban muchas cosas por disfrutar. Yo creo que él también era uno de esos amantes de lo absoluto que, justamente por esa aguda necesidad de sentirse siempre incendiados, conocen muy bien la oscuridad. Y así, es posible que, de no haber mediado aquel accidente, Camus hubiera terminado por suicidarse. Daba el tipo. «Lo más importante que haces cada día que vives es decidir no matarte», escribió. Pero también dijo: «En medio del invierno descubrí que había, dentro de mí, un verano invencible» (de su librito de ensayos *El verano*). En fin, es posible que los amantes de la intensidad (yo también lo soy, aunque quizá no de forma tan extrema) hayamos confundido la felicidad con la euforia, como dijo la artista española Rigoberta Bandini.

Hay algunos suicidios que son hijos de la razón, de una reflexión serena y ponderada de tus circunstancias y de la certidumbre de que la vida que te queda por vivir no te merece la pena, como, por ejemplo, cuando tienes una enfermedad penosa e incurable. Este tipo de muerte es un logro, un derecho y, sin duda, un alivio. Supongo que podríamos catalogar así el doble suicidio del escritor austriaco Stefan Zweig y Lotte, su mujer, en 1942. Zweig llevaba una vida errante desde 1934, cuando el nazismo rampante le obligó a dejar su país y comenzar un dubitativo periplo por París, Londres, Nueva York o Buenos Aires. En el exilio rompió con su primera esposa y se casó con Lotte, y ambos terminaron en Petrópolis, Brasil; los libros de Zweig, que era judío, llevaban años prohibidos tanto en lengua alemana como en italiano, y en esos momentos de la Segunda Guerra Mundial el fuego bélico de Hitler parecía imparable y amenazaba con arrasar todo el planeta. Así que el escritor y su mujer comenzaron a planearlo todo. Zweig donó sus libros a la biblioteca, envió sus manuscritos a varios archivos extranjeros y quemó en el jardín los papeles que no quería que se conservaran. Se tumbaron abrazados en la cama, él todo vestido y con corbata, ella en camisón, y tomaron una sobredosis de barbitúricos. Hay una conocida foto de ambos en el lecho, ya cadáveres, y se los ve muy plácidos. Dejaron dinero para pagar el alquiler del piso, con un pico más por las inconveniencias y una nota en la que pedían disculpas a la casera; un testamento recién revisado; los últimos textos inéditos preparados para su publicación; instrucciones precisas para repartir su ropa y sus posesiones entre los pobres, y amorosas disposiciones sobre el futuro de su perro, que habían regalado previamente a la propietaria de la casa. Por último, dejaron también unas cuantas cartas para amigos, cada una en su sobre y, lo que es más conmovedor, cada sobre debidamente franqueado. Hasta en los sellos pensaron estos seres amables. Su mensaje de despedida, escrito en alemán, decía así:

Por mi propia voluntad y en plena lucidez.

Cada día he aprendido a amar más este país [Brasil], y no habría reconstruido mi vida en ningún otro lugar después de que el mundo de mi propia lengua se hundiese y se perdiese para mí, y mi patria espiritual, Europa, se destruyese a sí misma.

Pero comenzar todo de nuevo cuando uno ha cumplido sesenta años requiere fuerzas especiales, y mi propia fuerza se ha gastado al cabo de los años de andanzas sin hogar. Prefiero, pues, poner fin a mi vida en el momento apropiado, erguido, como un hombre cuyo trabajo cultural siempre ha sido su felicidad más pura y su libertad personal, su más preciada posesión en esta tierra.

Mando saludos a todos mis amigos. Ojalá vivan para ver el amanecer tras esta larga noche. Yo, que soy muy impaciente, me voy antes que ellos.

Solo hay algo que me chirría en todo esto, y es la total ausencia de referencias a su mujer en el bonito texto final. ¡Maldita sea, Stefan! ¿No podías haber mencionado a la bella Lotte, mucho más joven que tú (ella murió con solo treinta y tres años, él con sesenta), que se adentró abnegada y muy prematuramente contigo en la larga noche? Y eso que apenas llevaban un lustro juntos. Por cierto que, según la autopsia, parece que ella falleció un par de horas después. ¿Tuvo dudas al final? En cualquier caso, tal falta de respeto con su esposa

279

me temo que revela mucho sobre el tipo de relación que mantenían. Muy poco recomendable, diría yo. Estos suicidios en pareja que parecen dictados y dominados por la voluntad del varón siempre me han provocado una profunda inquietud. Como el del escritor húngaro-británico Arthur Koestler, que se mató en Londres en 1983 junto con su tercera esposa, Cynthia. Ambos pertenecían a la Sociedad para la Eutanasia Voluntaria, pero vaya, es que Koestler tenía setenta y siete años y un párkinson galopante que le hacía sufrir, pero Cynthia solo tenía cincuenta y seis y estaba sanísima. Y la cuestión es que, si cambiamos los géneros, esta tendencia al suicidio conyugal no parece que abunde; cuando Zenobia Camprubí se estaba muriendo de cáncer entre grandes dolores, su marido, Juan Ramón Jiménez, le propuso varias veces que se suicidaran juntos, cosa que desde luego al final no hizo. Y no lo digo como crítica, al contrario: hay que aprender de esa autonomía vital de los varones. En fin, por qué será que todo esto me recuerda a la horripilante liturgia del *satí*, por la cual las viudas indias estaban obligadas a arrojarse a la pira funeraria del esposo.

Pero, volviendo a nuestro tema, creo que sí, que la muerte de Zweig era en efecto hija de la voluntad y de la lucidez. O sea: no le gustaba la vida que él creía que le quedaba por vivir. Ahora bien, me parece que estos finales reflexivos suceden en muy contadas ocasiones. Yo diría que casi todos los suicidios son desesperados, irracionales, patológicos. No es que no les guste la vida: es que no consiguen gestionarla. Pienso que la mayoría de los suicidas no quiere matarse; simplemente se sienten incapaces de seguir viviendo. Nelly Arcan, la escritora que tenía un clavo en la pared de su casa para colgarse, dijo: «Nada en el mundo puede detener la locura que avanza de frente, se dice que la gente que la ve venir se aparta para que no les arrolle [...]. Los malayos han encontrado una palabra para denominar su paso ciego a toda velocidad: *amok*». Así veo yo también este tipo de suicidios: como una erupción volcánica, como un manto de lava que lo arrasa todo.

Supongo que en realidad es una especie de posesión, una idea fija que se adueña de ti, un terror que te engulle. «Sigo resbalando a este pozo de pánico y congelación», escribió Plath. Y lo mismo dijo Virginia Woolf en la desgarradora carta final que dejó a Leonard, su marido: «Estoy segura de que, de nuevo, me vuelvo loca. Creo que no puedo superar otra de aquellas terribles temporadas. No voy a curarme en esta ocasión. He empezado a oír voces y no me puedo concentrar. Así que estoy haciendo lo que me parece mejor. Me has dado la mayor felicidad posible. Has sido en todos los aspectos todo lo que se puede ser. No creo que dos personas puedan haber sido más felices hasta que esta terrible enfermedad apareció [...]. Verás que ni siquiera puedo escribir esto adecuadamente. No puedo leer [...]. Si alguien pudiera haberme salvado, habrías sido tú. No me queda nada salvo la certeza de tu bondad». Esta última frase me pone la piel de gallina. Pero fíjate bien en lo que dice Virginia: ha sido feliz, lo repite varias veces. No es que dude de la dicha que puede encerrar la existencia, es que no es capaz de habitarla. Digamos que ha perdido el conocimiento de cómo se vive, de la misma manera que el enfermo de alzhéimer pierde un día el conocimiento de cómo se anudan sus zapatos. Y creo que es un símil más acertado de lo que pudiera parecer a simple vista, porque en ambos casos hay una cierta desconexión neurológica detrás. La pena es que la pérdida de Virginia, a diferencia de la del alzhéimer, es momentánea; de ahí se puede regresar, por más que la locura le susurre al oído que en esta ocasión no va a curarse.

«Nadie se da cuenta de que algunas personas gastan una energía tremenda simplemente para ser normales», dijo Albert Camus. Pues sí, muy de acuerdo: algunos necesitan pedalear de manera incesante hacia la intensidad y la belleza para poder creer en el espejismo de la realidad. Para sostener el frágil tenderete convencional de la existencia. Para ser capaces de levantarse cada día, ejecutar las rutinas de las que hablaba Camus, seguir pensando que comer y respirar tiene un sentido. Don Quijote dejó de encontrarle una razón a la vida cuando abandonó, por imposibles (por los palos que le atizaban por doquier), sus ensueños de grandeza caballeresca. Sancho, que le conocía muy bien, intentó sacarlo de su depresión:

—¡Ay! —respondió Sancho llorando—. No se muera vuestra merced, señor mío, sino tome mi consejo y viva muchos años, porque la mayor locura que puede hacer un hombre en esta vida es dejarse morir sin más ni más, sin que nadie le mate ni otras manos le acaben que las de la melancolía.

Don Quijote fue otro suicida, y creo que Cervantes sabía muy bien de lo que estaba hablando. Como también lo sabía Shakespeare, que hace decir a Hamlet su famosísimo monólogo sobre la conveniencia o no de matarse:

Ser o no ser, esa es la cuestión.
¿Cuál es más digna acción del ánimo,
sufrir los tiros penetrantes de la fortuna injusta,
u oponer los brazos a este torrente de calamidades,
y darles fin con atrevida resistencia?
Morir es dormir. ¿No más?
[...] Morir es dormir... y tal vez soñar.
Sí, y ved aquí el grande obstáculo,
porque el considerar qué sueños
podrán ocurrir en el silencio del sepulcro,
cuando hayamos abandonado este despojo mortal,
es razón harto poderosa para detenernos.
Esta es la consideración que hace nuestra

infelicidad tan larga.
¿Quién, si esto no fuese, aguantaría la lentitud de
los tribunales,
la insolencia de los empleados,
las tropelías que recibe pacífico,
el mérito de los hombres más indignos,
las angustias de un mal pagado amor,
las injurias y quebrantos de la edad,
la violencia de los tiranos,
el desprecio de los soberbios?
Cuando el que esto sufre,
pudiera procurar su quietud con solo un puñal.
¿Quién podría tolerar tanta opresión, sudando,
gimiendo bajo el peso de una vida molesta
si no fuese [por] el temor de que existe alguna cosa
más allá de la Muerte?

Leo en internet (mágica Biblioteca de Alejandría) que Shakespeare tiene nada más y nada menos que trece personajes suicidas en su obra, lo cual, unido a lo curioso de su razonamiento en el monólogo de Hamlet (me mataría si no fuera por el miedo al Más Allá), hace sospechar que el bardo anduvo coqueteando con la Parca. Y qué interesante, por otra parte, que las creencias religiosas puedan ser sin duda consoladoras, sí, pero al mismo tiempo aterradoras. Al perder a los dioses, la humanidad se liberó también de los infiernos.

Estoy segura, en fin, de que en los suicidios desesperados, que son la mayoría, hay una predis-

nera de sentir no es, pues, la de todo el mundo [...].
Amo enormemente la vida. Pero para gozar del
espectáculo hay que ocupar una buena butaca».
Más adelante añade estas frases extraordinarias:
«Voy a matarme pronto. No merezco este castigo.
Estoy seguro de que he tenido menos pensamientos despreciables que la mayoría de esos buenos
ciudadanos que triunfa y que jamás pensará en
suicidarse. Los hermosos versos que me recitaba a
mí mismo teñían de pureza mi espíritu. Todos los
días me han procurado un minuto de emoción.
¡Ay, yo bien quisiera seguir en la Tierra!». Y también: «A lo largo del día, mi humor varía a menudo. Hay momentos en que me olvido de que voy a
morir. Entonces sonrío y canturreo las melodías
que me gustan, pues todavía hay en mí una gran
provisión de alegría. Destruir todo eso es un despilfarro. Aunque nunca aprendí a ser ahorrador».
Esta dolorosa oda a la vida me recuerda lo que le
dijo Sylvia Plath a su vecino: «No quiero morir.
Hay tantas cosas que quiero hacer». Cuánto pedalearon Roorda y Plath a lo largo de los años, arañando la belleza de unos hermosos versos, buscando el minuto de sublime emoción que pudiera
protegerlos del abismo. Escucha: si alguna vez
sientes que avanza el *amok*, si la lava se acerca con
su aliento de fuego, piensa que este que ahora eres
no eres tú. Que tus pensamientos están momentáneamente desconectados; que tu juicio es tan
poco juicioso como el de quien se ha tomado una

dosis de ácido lisérgico. ¿No es absurdo y penoso que alguien, en una subida de LSD, crea ser Superman y se arroje por una ventana? Pues el suicida desesperado juzga su situación de la misma tóxica y confundida manera. Aguanta. Aguanta hasta que baje el nivel del alucinógeno. Aguanta hasta que cambie la situación, porque inevitablemente cambiará. Aguanta siquiera un día más. Sé tu propio policía, saca la pistola y ordena: sal de ahí. Y saldrás.

También quisiera compartir un par de reflexiones con los deudos, con los familiares de quienes se fueron. Primero, me parece que el suicidio emborrona retroactivamente toda la vida; tendemos a considerar que la existencia entera del fallecido ha sido una tragedia, como si ese mal final lo envenenara todo, cuando no es verdad; como hemos repetido hasta la saciedad, la mayoría de los suicidas ama vivir y ha disfrutado de muchos momentos hermosos. Y segundo, el suicidio es dramático, desde luego, porque implica una muerte; pero es el resultado de una enfermedad, de una desconexión eléctrica del cuerpo semejante a la que te sobreviene cuando te da un infarto. Quiero decir que no creo que debamos añadir un tormento de culpabilidades fantasmales a la pura y sagrada pena de la desaparición del ser querido.

Volviendo a nuestro Henri Roorda, te diré que ocultó un revólver cargado entre los muelles del colchón y echó educadamente a los amigos que, preocupados, iban a visitarle. Cuando terminó de redactar su breve texto, se pegó un tiro. Estas palabras están casi al final del libro:

Quisiera acariciar una vez más los senos de Alicia para no estar solo.

Para no sentir en mi última hora
Que mi corazón se parte
Para no llorar, para que el hombre muera
Como nació el niño.

ejecución inminente, y que siguieran adelante como si nada. Yo en su lugar, me decía, me pasaría los días metida bajo la cama y aullando, tal era el terror que semejante pensamiento me provocaba. Te recuerdo que hasta los treinta sufrí ataques de pánico.

Hoy tengo setenta años. Setenta. Lo repito y lo mastico porque no me lo creo. Setenta. Y, curiosamente, no estoy agazapada bajo ningún mueble y desde luego no chillo, al menos de manera audible. Siempre he pensado que escribo, entre otras razones, para intentar perderle el miedo a la muerte. Una de las cosas más bellas que jamás me ha dicho un lector sucedió en un chat en el periódico *El Mundo* tras la publicación de mi novela *Historia del Rey Transparente* en 2005. «Lo que más me ha gustado de este libro es que creo que después de leerlo tengo menos miedo a morir», explicó el hombre, y me dejó maravillada, porque a mí me había sucedido algo parecido: redactar esa obra había limado alguna de las aristas del terror. Hay una novela del genial Martin Amis, *La información*, que habla de esa voz que, según el autor, te despierta por las noches después de cumplir cuarenta años y te susurra en el silencio de la madrugada: Te vas a moriiiiiiiiir... te vas a moriiiiiiiiir (esa es la información a la que se refiere el título). La verdad es que yo he escuchado ese siseo de ultratumba desde la niñez y, al contrario que el personaje de Amis, que está atrapado en la crisis de la mediana edad, creo que con el tiempo he ido domando un poco mis temores. Lo cual no quiere decir que no siga sintiendo a veces el horror de envejecer y la angustiosa rabia de mi finitud. Pero ya ves, no estoy escondida en un nido de pelusas bajo la cama (al menos por ahora). «Qué desgraciado se es cuando no se sabe morir», decía Séneca. El pobre fue obligado por Nerón a suicidarse y parece que no le salió demasiado bien; se hizo cortes en piernas y brazos para desangrarse, pero como la cosa tardaba pidió a su médico que le diera cicuta, un veneno que tampoco hizo el efecto que él quería, y acabó metiéndose en un baño caliente para acelerar la hemorragia. Tanta impaciencia en el tránsito me hace sospechar demasiada angustia. Ojalá haya sabido morir como él quería. Tenía sesenta y nueve años, o sea que yo le saco uno (últimamente la gente está adquiriendo la detestable costumbre de ser menor que yo).

Ya te he dicho que en 1997 entrevisté a Doris Lessing para *El País*. Fue antes de que ganara el Nobel; tenía setenta y ocho años y me pareció una anciana. Yo tenía cuarenta y seis, pero la vi mayor no solo por la diferencia de edad, sino porque lo cierto es que Doris estaba avejentada: veo hoy sus retratos de aquel día y la sigo encontrando bastante maltratada por el tiempo. Bella y poderosa, pero marchita. Fui a hacerle la entrevista con mi amigo y gran fotógrafo Chema Conesa; nos recibió en Londres, en su pequeña casa adosada de dos pisos, con un diminuto patio delantero y otro jardín detrás, el típico hogar inglés por excelencia. Pero voy a contar aquí, como prometí, algo que jamás he dicho públicamente, y es que la casa de Doris Lessing estaba tomada en parte por la basura. Todo lo que se veía del piso inferior cuando se abría la puerta de la calle, la cocina entera y la escalera hacia la planta de arriba estaba casi impracticable, cubierto de cajas, cajones, papeles, bolsas y objetos indistinguibles, todos amontonados unos encima de otros hasta casi alcanzar un par de metros de altura. Tuvimos que atravesar esa espesura de cachivaches para poder salir al jardín posterior para hacer fotos, y puedo asegurar que en esa cocina era imposible cocinar (o moverse, o servirse un vaso de agua). Sin embargo, cuando subías sorteando los bultos de las escaleras, llegabas a un piso superior más bien desnudo, ordenado y zen, con bonitas y raídas alfombras orientales, viejos muebles muy usados, mesas cubiertas de pilas de libros. Un hogar austero pero muy vivido, un refugio acogedor que parecía ser el último bastión defensivo ante el ataque del caos, ante ese océano de detritus que inundaba ya la planta inferior y que iba subiendo con furor imparable escalera arriba (por cierto, la poeta italiana Alda Merini también sufrió un Diógenes).

Siempre he pensado que la vida es una lucha constante contra lo informe, esto es, contra la maldición de la entropía. Y, de hecho, un día descubrí que en realidad es exactamente así. En 2006 le hice una entrevista a James Lovelock, uno de los científicos más polémicos y originales de la segunda mitad del siglo XX. En los años sesenta trabajó para la NASA y le pidieron que desarrollara algún método de detección de vida en otros planetas. Propuso buscar una reducción de la entropía, es decir, del desorden. Y es que el equilibrio químico de la atmósfera posee un índice muy alto de desorden. De modo que, cuando se encuentra una atmósfera con una entropía baja (con un desorden bajo), en la que hay por ejemplo demasiado metano, o demasiado oxígeno, o cualquier otro ordenamiento químico anómalo, eso nos indica la presencia de vida. Porque es la vida la que altera el caótico desequilibrio químico y lo ordena. Dicho de otra manera: si te estás comiendo una sopa de pasta con forma de letras, todas las pequeñas pizcas de sémola estarán revueltas; pero si en la cucharada que te llevas a la boca empiezan a aparecer palabras bien compuestas, eso es que ha habido alguien ahí colocando los signos.

Esa idea de Lovelock de la vida como generadora de orden me pareció muy bella. Fue como la confirmación de algo que siempre supe, a saber, que el destino final del universo es el desorden y que el caos es una bestia colosal dispuesta a abalanzarse sobre ti para zamparte entero. Eso mismo sentí en casa de Lessing, una mujer anciana cercada por un Diógenes creciente. La vejez, toda vejez, y cuanto más extrema peor, debilita nuestras defensas ante el avance de las basuras. Antes de pudrir-

tándote, qué habrás estado silenciándote a ti misma durante todos los años anteriores». Fue una conversación bastante triste, aunque la cabeza de Lessing seguía siendo tan brillante como la de un cometa. Pero el recuerdo de aquellas torres de desechos y de esa mujer asediada por la edad, la decadencia y la negrura me ha perseguido. Diez años después le dieron el Premio Nobel. Espero que eso la animara un poco (aunque tengo mis dudas).

El desierto helado de la vejez. Ser anciano es heroico. Aunque hay individuos que consiguen escapar de la temible decadencia final, como la maravillosa Minna Keal. Hija de emigrantes judíos rusos, nació en Londres en 1909. Toda la familia era melómana y Minna comenzó a estudiar Música en la Real Academia, pero su padre murió cuando ella tenía diecinueve años y tuvo que dejar la carrera y ponerse a trabajar. Se hizo comunista en 1939, pero dejó el partido en 1957, tras la invasión de Hungría por la Unión Soviética. Se casó dos veces, tuvo un hijo y, durante la Segunda Guerra Mundial, montó una organización que sacaba niños judíos de Alemania. Yo diría, en fin, que tuvo una vida razonablemente satisfactoria y cabal. Lo menos excitante era su trabajo: fue secretaria en diversos y aburridos empleos administrativos, hasta que se jubiló a los sesenta años. Dueña de su tiempo, decidió retomar la carrera musical y estudiar composición. Estrenó su primera sinfonía en 1989 en los BBC Proms, unos conciertos muy prestigiosos que se celebran todos los años en el Royal Albert Hall de Londres. Fue un clamoroso éxito. Minna Keal tenía ochenta años. Desde entonces, y hasta su muerte, una década más tarde, Minna se dedicó con pasión a la música y se convirtió en una de las más notables compositoras contemporáneas europeas. «Creí que estaba llegando al final de mi vida, pero ahora siento como si estuviera empezando. Es como si estuviera viviendo mi vida al revés», declaró a los medios tras estrenar su sinfonía en los Proms. Eso sí que es energía.

Pero hay muchas otras personas que no lo consiguen. Fui testigo de ello con mi admirada y amada Ursula K. Le Guin, una autora minimizada por la crítica convencional por el hecho de haber sido catalogada dentro del género fantástico y de ciencia ficción, pero que para mí es una de los mejores escritores del siglo xx. *Los desposeídos* es un libro extraordinario, una de esas pocas novelas totales, a la altura de *La montaña mágica* o *Guerra y paz*. Pues bien, gracias a la mediación de una profesora norteamericana, Mary Harges, que le dijo que me encantaba su obra, tuve la increíble suerte, uno de esos regalos de la vida, de establecer contacto con ella y de hacerme su amiga. Primero nos escribimos durante algún tiempo y al fin viajé a Portland en el verano de 2011 para conocerla en persona. Tenía ochenta y un años y era encantadora: fue la mejor anfitriona y la más sonriente (mira esta foto genial de nosotras dos con Charles, su marido).

Tenía la cabeza clara como el cristal y un sentido del humor desternillante. Pero le fallaba la espalda, le dolía la vida y llevaba varios años sin poder escribir (solo alguna poesía de cuando en cuando). Y eso, la sequía creativa, la llenaba de una lacerante pesadumbre que ella intentaba sobrellevar con estoicismo. Ahora, años después de su muerte, he leído una bonita recopilación de diversos textos suyos que ha sido publicada en España, *Contar es escuchar*, y me he quedado sobrecogida al encontrar ahí, narrado de una manera mucho más descarnada (los escritores escribimos mucho mejor de lo que hablamos), todo aquello sobre lo que conversamos tantas veces, en persona y por carta. Porque yo le repetía que no perdiera la esperanza, que se sentara delante de la mesa y empezara cualquier texto, que hiciera dedos y se permitiera jugar con las palabras, como cuando era niña. Y ella me contestaba una y otra vez que en ella no era así; que algo se había ido, se había roto, se había perdido. Que algo parecía haber muerto para siempre.

Pues bien, en *Contar es escuchar* hay un último capítulo con un título feroz que me hiela la sangre: «Cuerpo viejo que no escribe». Y en él habla de sus problemas de inspiración y dice: «Mi búsqueda de una historia, cuando me impaciento, no consiste tanto en buscar un tema [...] cuanto en esperar un encuentro con un desconocido [...]. Los momentos en los que nadie recorre el paisaje son silenciosos y solitarios. Pueden prolongarse durante mucho tiempo, hasta que llego a pensar que no volverá a haber nadie salvo una estúpida anciana que antes escribía libros. Pero de nada sirve tratar de poblar el paisaje a voluntad. La gente llega solo cuando está dispuesta, y no responde a ninguna llamada. Solo responde con silencio». Qué desolación, y nunca mejor dicho. Imagino a mi Ursula levantándose por las mañanas sabiendo que tendrá que afrontar la travesía de ese día, y de muchos otros, como quien atraviesa el desierto de Kalahari. Arrastrando los pies y mirando al suelo. ¿Recuerdas lo que decía la joven Claire Legendre, lo de que no conocía más que dos formas de darle sentido a su vida o de hacerle creer que lo tiene, amar a alguien y escribir libros? Lo repito agobiada porque a mí me pasa igual. ¿Cómo sobrevivir cuando te falta eso? Me pregunto por qué se pierde esa pulsión creativa, cómo se secó la colosal, poliédrica imaginación de Ursula K. Le Guin. Estaba mal de salud; tenía dolores. Tal vez todo sea así de simple, tal vez el arte no sea más que una función física, un producto del estado de nuestros huesos, nuestras vísceras, nuestros músculos. Pongamos que la vejez te va robando la energía, esa energía que, según todos los expertos, resulta tan esencial en el proceso creativo. Pongamos que la vejez te apaga.

Qué miedo.

Tu cuerpo es una Troya asediada que al final, lo sabes con plena certidumbre, acabará cayendo. Lo único que te falta por conocer es cuál será el caballo. Pueden fallarte las rodillas, la columna, las caderas, terminar sentado en una silla; pueden darte mareos y acabar incapaz de mantenerte derecho; puedes perder la capacidad respiratoria y tener que llevar oxígeno, la cardiaca y no poder casi moverte, la mental y convertirte en una especie de monstruoso bebé deteriorado. La carne es capaz de traicionarte de muchas maneras.

Aun así, sigo sin meterme bajo la cama.

Me miro en Doris y en Ursula, en fin, me contemplo en mis mayores, y respiro hondo intentando prepararme para esta última carrera (aunque también está Minna). Hablé con Lessing de la edad. Te voy a copiar un fragmento de nuestra conversación:

—Usted siempre ha hecho y dicho cosas poco convencionales. Es la antítesis de lo políticamente correcto. Y esto le ha granjeado muchas críticas: los de derechas la odian, la izquierda ortodoxa considera que es una traidora...

—Así es.

—Ese lugar suyo del rigor y la lucidez, ¿no es muy solitario?

—Bueno, alguien dijo que uno de los grandes problemas de ser viejo era que no puedes decir en voz alta casi ninguna de las cosas que realmente piensas, porque siempre resultas ridículo o chocante o molesto.

—Suena bastante triste.

—Siempre puedes hablar con los contemporáneos.

—¿Y cómo vive usted todo esto, cómo vive sus setenta y ocho años?

—Lo que está usted preguntando es cómo llevo ser vieja, ¿no? Pues bien, ¿qué le vas a hacer? No hay más remedio que vivir la vejez. No puedes hacer nada contra ella.

—Ya le he dicho antes que para mí usted es una especie de exploradora. Por favor, dígame que también a esa edad hay momentos en los que la vida resulta hermosa.

—Yo nunca pensé que la vida fuera hermosa.

—Pues entonces dígame por lo menos que todavía se conserva la curiosidad, y la excitación de conocer cosas nuevas, y el placer de escribir...

—Sí, eso sí. Todo eso se mantiene aún intacto.

Este fue el final de la entrevista. Cruzo los dedos.

EL GRAN BAILE

Deja de rechinar los dientes, criatura, que no es para tanto. Me refiero al capítulo anterior. Ya sé que te han entrado escalofríos. A mí también se me hiela a veces la sangre al pensar en todo esto, debo confesarlo. Pero eso me sucede cuando miro el mundo desde mi ombligo. Si estoy encerrada en la pequeñez de mí misma, siempre estoy a merced de mi muerte, porque la ladrona de dulzuras nos aguarda enroscada en nuestro interior. Ahora bien, si soy capaz de alzar la cabeza y salir de mí y volar un poco, entonces diría que hasta le puedo robar unas cuantas chispas a la eternidad. Eso se consigue, como hemos visto, en los estallidos de la pasión amorosa; y también cuando escribes, es decir, cuando escribes bien, cuando escribes mejor de lo que sabes escribir. Cuando bailas con las palabras.

En realidad, todo es cuestión de música. Por

ejemplo, este libro. Llevo décadas pensando en estos temas. Reflexionando sobre la creatividad y la locura. Hasta que, hará unos tres años, empecé a tomar notas sistemáticas, ya con la intención de escribir un texto. Después de leer y releer decenas de obras y de llenar de apuntes varios cuadernos, tenía tal nebulosa cósmica de datos en mi cabeza que me sentía mareada y algo espantada. Llegué a pensar que jamás sería capaz de abrirme paso a través de ese caótico bosque de ideas y referencias. Que nunca encontraría mi camino. Pero entonces respiré hondo, cerré los ojos y empecé. Moví la punta de los pies apenas unos centímetros. Y después, los hombros. Las caderas. Hay un zumbido que sale del interior de la obra y que resuena en lo más profundo de tu cabeza. El zumbido del mundo. Hay un latido esencial, un ritmo embriagador. Tan solo hay que aprender a dejarse llevar. A no tener miedo de perder el contacto con el suelo. Escribir es danzar y la música me ha ido llevando, como quien trenza pasos en el aire, hasta llegar a estas líneas que tecleo ahora.

Pero te voy a decir algo aún más importante: la vida misma también es una danza. En ese libro titulado *Contar es escuchar* que antes he mencionado, Ursula K. Le Guin dice estas palabras formidables (siempre tuvo el talento de saber abarcar la realidad desde lo más diminuto hasta lo inmenso): «Todos los seres vivos son osciladores. Vibramos seamos amebas o humanos, palpitamos, nos movemos rítmicamente, cambiamos rítmicamente, marcamos el tiempo. El fenómeno se percibe cuando se mira una ameba a través del microscopio; vibra en frecuencias correspondientes a los niveles atómico, molecular, subcelular y celular. Ese pulso constante, delicado y complejo es el proceso de la vida misma hecho visible». Sí, sí, es así, siempre he intuido que yo era parte de un todo. «Con los años, tengo la creciente sensación de que hay una continuidad en la mente humana; de que, en efecto, existe un inconsciente colectivo que nos entreteje, como si fuéramos cardúmenes de apretados peces que danzan al unísono sin saberlo», escribí en mi libro *La ridícula idea de no volver a verte* (2013). Por eso nos gustan tanto las actividades colectivas, por eso nos emociona (e incluso nos sana, nos completa) hacer cosas de manera sincronizada con los otros, esto es, participar en coros, en orquestas, en bailes. Ser tú y los demás. Ser tú gracias a los demás.

Hay un biólogo y bioquímico británico, Rupert Sheldrake (1942), que sostiene que entre los miembros de una misma especie se desarrolla cierto tipo de unión que va más allá de lo físico y que permite que comportamientos aprendidos por algunos individuos puedan pasar al conocimiento de todos los demás. Él lo denomina *resonancia mórfica* y su teoría ha sido ferozmente atacada por la comunidad científica, que la considera una patochada. Teniendo en cuenta que Sheldrake es también parapsicólogo, que dice algunas cosas raras y que sus ideas no están probadas debidamente, no me extraña que lo apaleen. Pero hay algo consolador y hermoso en su propuesta (y su libro *De perros que saben que sus amos están camino de casa* tiene bastante gracia).

Mucho más relevante que Sheldrake es la gran bióloga estadounidense Lynn Margulis (1938-2011). Este no es el lugar ni yo la más indicada para desarrollar los rompedores y geniales descubrimientos de Margulis, que están cambiando el evolucionismo, así que solo diré que introdujo las bacterias en el estudio de la evolución y que demostró que las células eucariotas (las más complejas, con núcleo, de las que venimos todos los animales, los hongos, las plantas y los protozoos y otros bichejos) tenían su origen en la simbiogénesis de las células procariotas (dicho simplonamente: en la fusión de las células más antiguas y sencillas), en vez de en pequeños saltos adaptativos producidos por mutaciones casuales, es decir, por errores en la copia del ADN, que es lo que sostenía el evolucionismo tradicional. A Margulis le costó media vida ser escuchada y el trabajo en el que presentaba sus ideas fue rechazado quince veces antes de lograr que lo publicaran. Hoy, de los tres puntos en que basa su teoría solo queda uno por demostrar y los otros dos ya han sido aceptados por la comunidad científica. Pues bien, Margulis dice cosas como esta:

La simbiogénesis reúne a individuos diferentes para crear entidades más grandes y complejas [...]. Los «individuos» se fusionan permanentemente y regulan su reproducción. Generan nuevas poblaciones que se convierten en individuos simbióticos multiunitarios nuevos, los cuales se convierten en «nuevos individuos» en niveles más amplios e inclusivos de integración. La simbiosis no es un fenómeno marginal o raro. Es natural y común. Habitamos en un mundo simbiótico.

Se diría, pues, que la vida muestra una tendencia radical a unirse y fundirse en organismos mayores. Y déjame añadir una noticia más: en otoño de 2021 se publicó en la revista *eNeuro* una investigación de la Universidad de Tecnología de Toyohashi (Japón), dirigida por Mohammad Shehata, que demuestra que el trabajo en equipo tiene una correlación cerebral, es decir, que la consciencia no sería solo individual, sino también grupal, porque cuando varias personas comparten una tarea que conlleva una alta carga emocional, se crea un estado hipercognitivo que provoca una mayor integración de la información entre los cerebros de los individuos y una intensa sincronía neuronal. Es decir: los cerebros implicados empiezan a trabajar de la misma manera. Y así, apagan simultáneamente el registro de los estímulos externos, salvo la información procedente de los otros individuos del equipo, y potencian la actividad de las ondas cerebrales beta y gamma (que gestionan la vigilia y la lucidez) en la corteza temporal. Y lo más extraordinario es que todos estos cambios son sincrónicos, todos los cerebros comparten las mismas oscilaciones neuronales. Este trabajo no es el primero respecto a la sincronía entre los humanos; se sabe desde hace mucho que las personas se acoplan fácilmente, por ejemplo, cambiando a la vez las posturas del cuerpo cuando están conversando entre amigos, o armonizando la frecuencia cardiaca al ver una película juntos y al dormir con la pareja, o unificando los ciclos menstruales en colectivos de mujeres que comparten su vida, como en un internado. Además, la sincronía parece ser un tema de moda, y por lo visto hay un número significativo y creciente de estudios de neurociencia que se ocupan de ello. Pero lo importante de la investigación de Mohammad Shehata es que es la primera vez que el fenómeno ha podido medirse. Esta hiperconexión recibe el nombre de *flujo de equipo* y los autores del estudio se preguntan si esto significa que nuestra consciencia se forma con la contribución de otros cerebros, además del propio (aunque añaden que falta mucho para que logremos responder a esta cuestión).

Lo que quiero decir, en fin, es que intuyo que hay algo más allá de este pequeño y molesto yo que nos aprisiona. Y no estoy hablando ni de religiones ni de dioses: soy una completa y convencida incrédula. No, me refiero a la vida que fluye y

ballena, pero que ni mis ojos ni mi entendimiento podían procesar, tan magnífico era (y tan incompleto: solo pudimos ver fragmentos del coloso). Justo a mi lado, a un metro o quizá dos, tan cerca que parecía que podría tocarlo si estiraba el brazo, comenzó a pasar un arco inmenso de carne, una carne que en realidad semejaba caucho, un muro gomoso lleno de adherencias, de algas y crustáceos; y al poco pasó el ojo, un ojo gigantesco que surgió del agua, recorrió todo el arco y se hundió de nuevo en el océano, ese ojo sobrecogedor que nos miraba. Especifico: que me miró y me vio. Después del ojo aún quedaba por pasar mucha ballena, mucho músculo pétreo adornado de anémonas (era una corcovada, uno de los cetáceos de mayor tamaño), hasta que al final la criatura levantó su titánica cola y la sumergió en vertical muy lentamente. Y toda esa enormidad, esa inaudita exhibición de potencia, la ejecutó con tal delicadeza que no levantó ni un rizo de espuma en el agua, no originó ni una ola capaz de sacudir nuestra balsa. Aparte de la tremenda respiración del principio, la ballena fue muy silenciosa. Solo un siseo líquido acompañó el milagro de su cuerpo. Porque fue un milagro. Algunos amigos me han preguntado después: ¿no tuviste miedo? Nada, en absoluto. Para tener miedo tienes que estar dentro de tu yo, y en aquel momento yo era la ballena, y la anémona, y el alga, y la gota de agua que brillaba al sol. Algo parecido debió de pasarle al gran naturalista británico David Attenborough; durante una entrevista me contó que la experiencia más conmovedora de su vida profesional ocurrió cuando estaba estudiando a los gorilas en África y de pronto se le acercó una hembra, le sujetó suavemente la cabeza con sus grandes manazas y comenzó a su vez a estudiarlo a él. Esos ojos ajenos en los que te miras nos conectan con el latido común y son una puerta hacia la eternidad.

En mis mejores momentos, en los instantes oceánicos, cuando estalla el *satori* como una supernova en mi cabeza, soy capaz de escapar de la ciega y dolorosa cárcel de mi individualidad y de percibir ese aliento plural, la cadencia primera, la música de las esferas, el palpitar del mundo. Soy un pececillo de un inmenso cardumen, soy una carpa dorada y sé bailar el baile más grandioso, que es al mismo tiempo el más diminuto. Hay que insistir ahí, en esa pericia danzarina; hay que aprender a moverse cada vez más deprisa, como los derviches, para poder unirse al Todo que vibra y que respira. Escucha bien lo que te digo y ten esperanza: puede que en realidad el tránsito final sea así de sencillo, así de fácil; bastaría con lograr acompasar la muerte al ritmo colectivo. Quiero morir bailando, igual que escribo.

TODO

Veo ya el final de este libro en lontananza, de la misma manera que atisbo (espero que mucho más lejos) el final de mi vida. Las puertas abiertas se van cerrando, y en este capítulo toca terminar con una historia que me ha ido acompañando durante mucho tiempo. Un día, hará cosa de un año, me reenviaron desde la redacción de *El País* una carta que me había llegado ahí unas semanas antes. Me intrigó la procedencia: venía de la Universidad de Virginia, en Charlottesville, Estados Unidos, y da la casualidad de que yo he estado dando clases ahí en un par de ocasiones. Es uno de los campus más bellos del país, una armonía de cúpulas y columnas de nata diseñada por Jefferson. Pensé que podría ser del hispanista David Gies o de cualquier otro amigo de Charlottesville (aunque ya hacía tiempo que ninguno me enviaba cartas de papel), pero el nombre que aparecía en el remite era otro y desconocido para mí: Juan Pablo Jovellanos. Rasgué el sobre con curiosidad y salió una única hoja escrita a mano en una letra clara, equilibrada y menuda que decía lo siguiente:

Apreciada Rosa Montero, me llamo Juan Pablo Jovellanos y soy profesor de neurociencia molecular y celular en la Universidad de Virginia, en la que creo que usted también ha dado clases. Además, y este es el motivo de que le escriba, soy el único hermano de Bárbara Jovellanos. Puede que de primeras no sepa de quién le hablo, pero caerá en la cuenta si le digo que fue una mujer desdichada y enferma que se obsesionó con usted hace muchos años y que ha ido apareciendo (quizá debiera decir que se ha ido entrometiendo) en su vida de cuando en cuando, por ejemplo mandándole regalos. Bárbara ha muerto hace tres meses de cáncer en La Paloma, una pequeña clínica psiquiátrica en Asturias en donde llevaba años internada. Sola y lejos, porque la pandemia me impidió ir. Dejó una carta para usted que naturalmente no he abierto. Bárbara era una bellísima persona, era única y especial, era hermosa por dentro y por fuera, y se lo digo sabiendo que a usted le puede resultar difícil verla así. Tenía sesenta y cuatro años. Si desea que le envíe la carta puede ponerse en contacto conmigo en esta dirección, juan.pablo.jovellanos@XXXXXXXX, aunque entenderé perfectamente que no lo haga. Espero que mi hermana no resultara demasiado abrumadora. Muchas gracias por su tiempo y su atención y un saludo afectuoso (siempre he sido un admirador de su obra).

La carta me produjo un impacto inesperado. Fue como si una vieja sombra que formaba parte de mi vida, y que yo me había acostumbrado a ver casi como una fantasía mía, saliera de mí y se encarnara en una persona de verdad, en un ser humano del que de repente sabía un montón de cosas, entre ellas, que acababa de morir. Sentí alivio, sentí pena, sentí un desgarramiento parecido al duelo. Y también una ardiente curiosidad. Miré la fecha del escrito: me lo había mandado dos meses antes. Le envié un e-mail de inmediato, sin pararme a pensarlo, de pie y desde el móvil, diciéndole que sí, que estaba interesada. Contestó a la media hora, muy contento. Al parecer creía que ya no iba a recibir respuesta, pero aún guardaba la carta de su hermana, bien cerrada. Daba la casualidad de que iba a venir a Madrid en un par de semanas, aprovechando la relajación de las medidas sanitarias, para poner en orden los papeles de Bárbara. ¿Tal vez podríamos vernos? Por supuesto, le dije. Y ahí mismo concretamos una cita.

Adiviné quién era desde lejos, cuando lo vi en la terraza de Sainz de Baranda en la que habíamos quedado. Tenía la misma cabellera tupida y agitada de su hermana, la de él casi blanca. Ya de cerca, cuando me senté, seguí anotando mentalmente los labios rotundos, los ojos agrisados, el perfil romano. Una familia de guapos. No era alto, menos mal, hubiera resultado demasiado perfecto. Menudo y muy delgado, su potente cabeza parecía exigir un cuerpo más grande. Bonitas manos y aspecto juvenil pese a las muchas canas y a los sesenta y dos años que luego me dijo que tenía. El típico profesor que debía de arrasar entre sus alumnas. Me incomodó un poco que me pareciera atractivo.

Estaba muy nervioso. Le temblaba el sobre cuando me lo dio. Fue lo primero que hizo, sin apenas haber intercambiado palabra.

—¿Me podrías hacer el favor de leer la carta ahora? Ahora mismo, quiero decir. Me siento un poco inquieto. Por supuesto que no quiero que me cuentes lo que dice, pero sí querría asegurarme de que no me he equivocado al dártela. Tuve muchas dudas.

Le vi tan ansioso que accedí. Además, yo también estaba deseando saber qué decía. Eran dos folios a máquina con el siguiente texto:

Querida Rosa, he soñado tantas veces con este momento, con escribirte, con contarte, incluso con vernos en persona y explicarte cara a cara el porqué de nuestras vidas. Y ahora, ya ves, ha llegado la oportunidad al fin porque es el final, porque me muero. Cuando leas esto yo ya no estaré. Pero no te preocupes: tú seguirás estando. He pensado tanto en ti durante todos estos años. Siempre cosas bonitas. Siempre he imaginado para ti cosas preciosas. Cuando te conocí estaba estudiando en el conservatorio. Aquel chico que quiso engañarme contigo decía que yo era buenísima y quería ser mi representante. Y es verdad que era buena. Tocaba el chelo, pero lo que más me gustaba era componer. Mi cabeza estaba siempre llena de una música maravillosa y al principio todo era perfecto. Pero luego la música empezó a ir cada vez más deprisa y no me daba tiempo a pasarla a la partitura y me ensordecía por dentro. Era un dolor. Era un dolor porque retumbaba, pero también porque se perdía, era la música más maravillosa y se perdía para siempre. Entonces empezaron a darme pastillas y los divinos sonidos se acabaron. Y ese fue un dolor peor. El silencio del mundo. Mi vida ha sido así desde entonces; a veces tomo pastillas y el silencio me aplasta; a veces dejo de tomarlas y regresa la música maravillosa a atormentarme. Aunque ahora estoy bien, estoy bastante bien, alégrate por mí; por primera vez en muchísimo tiempo la música de mi cabeza me arrulla, no galopa. Será porque me muero. Pero, volviendo a lo importante, un día me di cuenta de que nuestro encuentro había sido una señal. Porque la música había empezado a correr justo después de aquella noche en que nos vimos. Y entendí que tú eras otra vida, otra realidad que el destino me daba. Porque tú también tocabas melodías con tus palabras. Y entonces lo vi, entonces tuve claro que yo podía componer mi mejor obra contigo. Así empecé a vivir a través de ti, en la distancia. O más bien al contrario: así empezaste tú a vivir a través de mí. Tú no te has dado cuenta, me parece, pero tus novelas las he escrito yo. Las he soñado yo. Te las he inspirado. He compuesto cada uno de tus días, con amor y cuidado. Eres mi mejor sinfonía. Bueno, en realidad eres la única, pero también la mejor que jamás hubiera podido componer. Estoy orgullosa de ti, más que de mí. Porque nuestras obras siempre son mejores que nosotros. Ahora no tengo más remedio que abandonarte, y lo lamento. Pero atiende bien, te voy a dejar a mi hermano. Juan Pablo es muy buen chico, es muy inteligente, le interesa la ciencia como a ti y está solo. Sé que os vais a gustar. Este es el final que he escrito para ti, el brillante rondó de mi sinfonía. Te ruego que sigas mis indicaciones, no estropees mi obra: en mi pequeña vida, tú eres mi mejor parte. Tanta luz en la música pero ahora me espera esa enorme y paciente oscuridad.

Querida Rosa, he soñado tantas veces con este momento, con escribirte, con contarte, incluso con vernos en persona y explicarte cara a cara el por qué de nuestras vidas. Y ahora, ya ves, ha llegado la oportunidad al fin porque es el final, porque me muero. Cuando leas esto yo ya no estaré. Pero no te preocupes: tú seguirás estando. He pensado tanto en ti durante todos estos años. Siempre cosas bonitas. Siempre he imaginado para ti cosas preciosas. Cuando te conocí estaba estudiando en el conservatorio. Aquel chico que quiso engañarme contigo decía que yo era buenísima y quería ser mi representante. Y es verdad que era buena. Tocaba el chelo, pero lo que más me gustaba era componer. Mi cabeza estaba siempre llena de una música maravillosa y al principio todo era perfecto. Pero luego la música empezó a ir cada vez más deprisa y no me daba tiempo a pasarla a la partitura y me ensordecía por dentro. Era un dolor. Era un dolor porque retumbaba, pero también porque se perdía, era la música más maravillosa y se perdía para siempre. Entonces empezaron a darme pastillas y

No sé bien qué sentí: compasión, pena, vértigo. Y vergüenza por la pretensión de emparejarme con su hermano. Me pregunté, espantada, si él sabría algo del tema. Que el tipo me pareciera atractivo hacía que me sintiera aún más expuesta y en ridículo. El hombre debió de ver que las emociones atravesaban mi cara como un rebaño de nubes, porque se echó hacia delante y preguntó con inquietud si estaba bien. Le contesté que sí, que era una carta conmovedora, que me alegraba de haberla leído. Se la resumí muy por encima, sin mencionar la parte en la que él entraba, y me tranquilizó advertir que Juan Pablo no parecía tener la menor idea del contenido del texto ni del plan casamentero. Estuvimos hablando cerca de una hora y creo que llegué a hacerme una idea bastante clara de la vida de Bárbara. Los padres se habían muerto en un accidente de coche cuando ella tenía catorce años y Juan Pablo doce. Se criaron con un abuelo viudo, amargado, desesperado y muy pronto senil; Bárbara hizo de madre de su hermano y de enfermera del viejo. Siempre había tenido un don extraordinario para la música (la madre era cantante; el padre, su representante; se mataron volviendo de madrugada de una actuación) pero también una personalidad algo extraña, a veces demasiado rígida, obsesiva. Su primera y única pareja fue aquel pobre chiflado que yo conocí y la relación resultó catastrófica para ambos: los dos se hundieron psicológicamente. Fue la primera crisis grave de Bárbara, y debió de suceder días después de nuestro extraño encuentro. Fue también su primer internamiento. Salió unos meses después,

cual, que se arrojó como espontáneo al ruedo con catorce años (y acabó en el calabozo); que comenzó su carrera como novillero antes de la penicilina, cuando cada temporada morían varios toreros; que vivió la terrible Guerra Civil; que en la posguerra fue banderillero, y después puso una fábrica de ladrillos, y se marchaba todas las madrugadas en una motocicleta con un periódico metido bajo la chaqueta, sobre el pecho, para protegerse del frío; que trabajó como un galeote; que siempre respetó que yo aborreciera la mal llamada «fiesta» de los toros (de la misma manera que yo le respeté a él); que padeció una insuficiencia respiratoria y acabó enganchado a una bombona de oxígeno, pero sin perder el gusto por la vida; que falleció a los ochenta y cuatro años sin mostrar ningún miedo, con una lucidez y una entereza sobrehumanas, la mejor muerte que he visto: «No llores, hija mía, que estoy muy feliz, todo está saliendo como yo quería». Mi madre, Amalia, tal vez mejor pintora que sus hermanos, pero en su época y su clase social no se concebía que se dedicara al arte, de modo que solo fue ama de casa; una pena, porque en realidad bailaba de maravilla, y era una cómica extraordinaria, y una formidable narradora, y una seductora sin igual; era una artista total encerrada en la cárcel de lo doméstico; esa madre con la que me escapaba todos los días, a escondidas de mi padre, siendo yo una niña, para ver las películas en programa doble en los cines de nuestro barrio, cuentos de celuloide que le permitían seguir soñando y respirando; esa madre longeva, graciosa, independiente, generosa y estoica que jamás se quejó y que pasó por el mundo como un brillante cometa. Ya ves, fueron dos vidas largas llenas de emociones, de sueños, de deseos, de risas y de furias, de éxtasis y miedos; dos vidas que a mí me parecen esenciales pero que se reducen a este puñadito de míseras líneas que acabo de escribir sobre la arena y que serán borradas por las olas del tiempo. Lo expresa muy bien Francisco Brines (1932-2021) en su poema titulado «Mi resumen»:

> «*Como si nada hubiera sucedido.*»
> *Es ese mi resumen*
> *y está en él mi epitafio.*

> *Habla mi nada al vivo*
> *y él se asoma a un espejo*
> *que no refleja a nadie.*

Por todos los santos, ¡pero si dentro de mil millones de años nuestro Sol se habrá calentado tanto que ya no quedará ni rastro de vida en el planeta! Así que, aunque hubiéramos logrado no extinguirnos antes, nos encaminamos a un fin inexorable. Todo desaparecerá: el deprimido don Quijote, la Alhambra de Granada, la música de Beethoven. Salvo que nos escapemos a otros mundos, pero entonces también habrá otras estrellas

sación de ser simples portadores de un mensaje que no sabemos muy bien de dónde sale (en realidad viene del inconsciente, por supuesto). Y no solo los artistas: según Brenot, Einstein descubrió la teoría de la relatividad en un sueño. En los escritores esto sucede muy a menudo; es famoso el caso de Mary Shelley, que soñó enterito su conmovedor monstruo del doctor Frankenstein (pobre criatura: ni siquiera tiene nombre propio) en una noche de relámpagos y truenos. Goethe encontró una mañana sobre su mesa un poema terminado que no recordaba haber escrito, y a Anthony Burgess le pasó lo mismo pero de forma mucho más teatral y desmesurada; nada más levantarse entró en su comedor y ahí, garabateados en la pared con lápiz de labios, descubrió estos versos: *Que sus carbónicas gnosis se erijan orgullosas / y guíen a la grey entera hacia su luz*. En el inglés original tienen rima y suenan algo mejor, pero siguen siendo lastimosos: *Let his carbon gnosis be up right / and walk all followers to his light.* La letra era de Burgess y el lápiz de labios, que debió de quedar para tirarlo, era de su mujer. Ya hemos mencionado a Coleridge y su largo poema soñado (y olvidado a medias) «Kubla Khan»; y luego está Stevenson, que soñó en una noche de enfermedad y fiebre su novela *El extraño caso del doctor Jekyll y el señor Hyde*. Se levantó de la cama, escribió la historia sin parar durante tres días, a continuación la arrojó al fuego, y en otros tres días volvió a redactar como un poseso el manuscrito definitivo.

Porque, en efecto, es la sensación electrizante (de ahí lo de meter los dedos en un enchufe) de estar poseído. Richard Cohen, el viudo de la gran escritora George Eliot, contó sobre ella: «En todos aquellos escritos que a su entender eran los mejores, había una suerte de otredad que la poseía, y sentía que su personalidad no era sino el instrumento a través del cual actuaba, por así decirlo, aquel espíritu». Lo dicen todos, en fin. Como Faulkner: «El tiempo se queda en suspenso y me posee una especie de trance». O Thomas Mann: «Las cosas tienen una voluntad propia en virtud de la cual se construyen a sí mismas». Y Ursula K. Le Guin: «Muchos artistas sienten que trabajan en un estado de trance [...] la obra les dice lo que ha de hacerse y ellos lo hacen». Así es, en efecto. ¿Cómo si no hubiera podido abrirme paso en este libro por el bosque impenetrable de tantos datos caóticos? Hubo una música mágica que me enseñó el camino, que me arrastró tras ella, de la misma manera que el flautista de Hamelín embelesó y arrastró a los niños del pueblo.

Según el neurocientífico Eric Kandel, «la comunión con el inconsciente la comparten todas las personas creativas». Por eso hay músicos que dicen que tan solo se limitan a transcribir la melodía que escuchan dentro de su cabeza, o escultores que quitan lo que sobra en el bloque de piedra para liberar la forma que estaba presa dentro (eso contaba Miguel Ángel). Ya he repetido varias veces que hay que acallar y cegar al yo consciente para que el inconsciente pueda mandarnos sus mensajes con una frecuencia de onda lo suficientemente audible. «Los surrealistas hicieron grandes esfuerzos por desaprender sus conocimientos», escribe Kandel. Y ya se sabe que Picasso sostenía que él solía dibujar como Rafael y que le llevó toda una vida aprender a dibujar como un niño. Pues bien: tener la posibilidad de enchufarte a veces a esa fuente maravillosa de energía, escapar del encierro de ti mismo y subir a la estratosfera como un cohete, sentir que dentro de tu cabeza estalla la magia (en la chistera en donde no había nada ahora hay un conejo), es una sensación impagable, te lo aseguro. Es rozar la felicidad con todos los dedos. Es poder mirar de cuando en cuando el ojo de la ballena, que es lo más cercano que conozco al ojo de Dios. «Y cuando mi esqueleto descanse en el ataúd, si es que tengo uno, no habrá nada que me arrebate las magníficas noches que me he pasado frente a la máquina de escribir», dijo Bukowski.

Pero déjame que te muestre con un ejemplo muy claro hasta qué punto es dulce la creación. Déjame hablarte una vez más de la adorable Janet Frame, la escritora neozelandesa a la que estuvieron a punto de hacer una lobotomía y que fue salvada *in extremis* porque su primer libro de cuentos había ganado un premio. Ya dije que Frame tuvo una existencia francamente espantosa, que venía de una familia pobre, desestructurada y violenta. Aunque, eso sí, con una vena artística. El padre, que era ferroviario, pintaba al óleo en sus ratos libres y tocaba la gaita. También bebía demasiado y apaleaba concienzudamente a la familia. En su precioso libro autobiográfico *Un ángel en mi mesa*, Frame cuenta este recuerdo de sus seis o como mucho siete años: «Una noche me desperté llorando por culpa de un diente doloroso. Padre vino al catre, que ya era pequeño para mí, porque mis pies empujaban las barras del extremo. "Te ablandaré el pandero", dijo. Su mano golpeó con dureza y sin descanso mis nalgas desnudas, y volví a llorar y, por último, me venció el sueño». Varias páginas y un par de años más adelante, vuelve a decir: «Me aplicó la zurra usual». Su único hermano varón, Bruddie (además tenía tres hermanas), era epiléptico, y el padre también le atizó unas cuantas veces con fines terapéuticos, porque estaba convencido de que el niño podría controlar los ataques si quisiera. En cuanto a la madre, escribía poemas y los publicaba en un periódico local, pero entre la pobreza, el energúmeno del marido y varias tragedias que tuvo que soportar, su vida debió de ser amarga, o eso opina Frame, que parece sentir una pena infinita por el destino materno.

Janet tenía tics, sufría convulsiones y hacía muecas (suena a síndrome de Tourette), y además era una niña poco agraciada (pelirroja, con una áspera mata de pelo) a la que nadie prestaba mucha atención, sobre todo después de que Bruddie enfermara: «Si alguien me observó en aquellos días, vería sin duda a una niña ansiosa, presa de temblores y tics, a solas en el patio del recreo, siempre con mi única indumentaria, la misma falda de tartán, de segunda mano, casi tiesa a causa del uso constante; una niñita de cara pecosa y pelo crespo, lo bastante sucia como para que la eligiera la doctora, junto con otros chiquillos de pobreza y suciedad notorias, para examinarlos especialmente en el cuartito contiguo a la habitación del profesor. La marea de porquería había marcado líneas en mis piernas y parte interna de mis brazos; cuando las descubrí, la visión me propinó un rudo golpe, ya que estaba convencida de haberme lavado a fondo».

Dos de las hermanas de Janet murieron ahogadas en sucesos distintos: Myrtle, dos años mayor que la escritora, a los dieciséis; e Isabel, algo más pequeña que ella, a los veintiuno. En su autobiografía, Frame dice que ambas sufrieron un ataque al corazón mientras nadaban, pero es una coincidencia que resulta bastante improbable. Myrtle era una chica rebelde y con carácter y por lo visto el padre se ensañaba especialmente con ella. Cuando se ahogó, anota Frame en su libro, «de entrada me alegré, al pensar que no habría más altercados, gritos ni azotes, mientras papá trataba de dominarla enfadado y los demás escuchábamos amedrentados, compadeciéndola y llorando como ella». En cuanto a Isabel, parece ser que era una persona bastante desequilibrada: «Mi primera impresión acerca de la muerte de Isabel, como con la de Myrtle, fue que quizá se hubiera resuelto un problema, aunque con un coste excesivo». Es inevitable sospechar que las hermanas se suicidaron, o al menos alguna de las dos.

También Frame se intentó matar con veintiún años. Escribía poemas, quería ser escritora profesional, había hecho Magisterio y estudiaba Psicología en la universidad (¡bingo!, otra que se creía majareta y escogió, como yo, esta carrera), pero el simple hecho de vivir era para ella algo muy difícil. Empezó a trabajar como maestra, y tenía tal pánico al inspector que se había inventado un cuento seriado y, cuando oía los pasos del hombre en el pasillo, empezaba a narrar la historia para que los niños atendieran y el inspector viera que la escuchaban. Además, su boca estaba destrozada y llena de caries: «Yo mostraba mi sonrisa tímida, apretando los labios más que de costumbre para ocultar las avanzadas caries de mis dientes, porque el servicio médico de la Seguridad Social no cubría los gastos de odontología después de la escuela primaria y mi familia no tenía dinero para dentistas». Cada vez le era más costoso integrarse en el mundo. Un día el inspector no se limitó a caminar por el pasillo, sino que entró en su clase para supervisarla. Frame le sonrió encantadoramente (con los labios cerrados, por supuesto), le dijo «perdone, ahora mismo vuelvo», y salió de la habitación y luego del edificio para no regresar jamás. «Me sentía completamente aislada. No tenía en quién confiar, a quién pedir consejo, ni tenía a dónde ir.» De manera que el sábado por la noche arregló su cuarto, se tragó todo un tubo de aspirinas y se tumbó sobre la cama a morir. Despertó doce horas más tarde con un zumbido en los oídos y hemorragia nasal. Vomitó y vomitó hasta volver a la vida.

Lo malo es que comentó lo de su intento de suicidio en la universidad. Le aconsejaron que se internara y ella accedió. Y ahí se precipitó la catástrofe; la diagnosticaron erróneamente como esquizofrénica, le arrancaron toda la dentadura y, al día siguiente de esa bárbara mutilación, fue ingresada en el psiquiátrico y sometida al primer electrochoque: «Y, de pronto, mi vida quedó desenfocada. No me acordaba de nada [...]. Mi vergüenza por mi boca desdentada, mi candente sensación de pérdida y de dolor, mi soledad [...] todo me hacía sentir que en el mundo no había lugar para mí». Tenía veintidós años e iba a estar encerrada, ya de manera forzosa, durante ocho. Antes hemos hablado del infierno que ese periodo supuso para ella. «Los años que siguieron, hasta 1954, cuando fui finalmente dada de alta en el hospital, estuvieron llenos de miedo y sufrimiento, causados sobre todo por mi confinamiento y por el tratamiento en el psiquiátrico. Temprano en mi estancia hubo dos o tres periodos de varias semanas en las que fui autorizada a abandonar el hospital y en cada ocasión tuve que regresar porque no tenía ningún otro lugar donde vivir; siempre venía aterrorizada, como un condenado que vuelve para ser ejecutado.» Qué desolación que no tuviera a dónde ir; que no fuera acogida por sus padres ni por sus hermanos. Por entonces aprendió que había una división entre *gente normal* y *gente secreta*. Porque la locura era algo clandestino, escondido, encerrado, innominado.

Cuando salió del hospital con treinta años su vida estaba rota: «Fui dada de alta provisionalmente. Después de recibir más de doscientos electrochoques, cada uno equivalente, en cuanto a miedo, a una ejecución, proceso que me había hecho trizas la memoria y, en algunas zonas, la debilitó y destruyó permanentemente; y después de estar sometida a la posibilidad de que se me convirtiera, por medio de una operación quirúrgica [la lobotomía], en una persona más aceptable, tratable y normal, llegué a mi casa en apariencia sonriente y tranquila, pero por dentro sin confianza en mí misma, convencida de que al fin, oficialmente, ya no era nadie». Atrás quedaron, perdidas para siempre, la carrera de Magisterio y la universidad. Empezó a trabajar como criada en diversos hoteles. Con el primer dinero que tuvo se hizo una dentadura para la mandíbula superior (lo que me deja horrorizada: ¿cómo se las apañó para comer durante los ocho años anteriores? ¿Y para hablar, socializar, sonreír?). Pero tenía un arma secreta poderosa: su pasión por la escritura: «Empecé a escribir cuentos y poemas y a pensar en un futuro sin que me dominara el miedo a que me cogieran y me *trataran* y no pudiera escapar. Aun así, las pesadillas del tiempo que pasé en el hospital todavía continúan, y muchas veces me despierto, asustada, después de soñar que vienen las enfermeras para llevarme al tratamiento».

Un escritor profesional, Frank Sargeson, la ayuda alquilándole un lugar para vivir, un cobertizo en el jardín de su casa, y ella sigue redactando, como hormiguita, ese hilo de palabras que van cosiéndola a la vida. Un día la madre muere de un infarto sin que ella haya podido despedirse. Frame tiene treinta y tres años y decide irse de Nueva Zelanda. Pide una ayuda al Fondo Literario y le conceden trescientas libras, con las que se mete en un barco y llega a Londres. Vuelve a hacer trabajos esporádicos de criada en hoteles, luego de acomodadora en un cine. Va publicando libros: una novela, relatos. Sufre depresiones y es de nuevo internada en un hospital, en el que por fortuna hay un psiquiatra inglés que le dice que no es esquizofrénica y que su diagnóstico había sido erróneo. En sus días libres acude a bailes públicos en los que nunca la sacan. Tiene algunas relaciones sexuales, pocas y lamentables. La menos mala, aunque breve, con un americano en un viaje a la isla de Ibiza: queda embarazada y aborta de manera natural.

A los siete años de estar en Londres le comunican por carta que su padre ha muerto por una súbita hemorragia. El hermano le escribe diciendo que han heredado ellos dos la casa paterna y que Janet es la albacea del legado. Que tiene que regresar a Nueva Zelanda. A Frame le da miedo volver por si la internan otra vez, pero por otro lado necesita reconectar con sus orígenes y además su hermano está muy enfadado porque, si ella no va, a él no le dejan entrar en la propiedad familiar. Así que prepara el viaje. El billete de barco lo compra gracias a la aportación de un donante anónimo (ella supone que es el poeta Charles Brasch). Cuando se acerca el día de la partida, se le hace demasiado evidente su soledad:

> Me había pasado siete años lejos de Nueva Zelanda, con mis últimos años ocupados enteramente en escribir, dividiendo mi tiempo entre escribir, paseos solitarios, sueños en un cine. No tenía amigos cercanos que quisieran estar en un muelle de Londres agitando sus manos en un triste adiós. Incapaz de soportar una partida solitaria, le pregunté a la bibliotecaria que me había dado el pase para la sala de lectura si no le importaría ir a despedirse de mí. Aceptó. Mi agente literaria, Patience Ross, me dijo adiós en la estación Victoria, y cuando el tren llegó a los muelles del este de Londres,

allí estaba Millicent, la bibliotecaria, que se había cogido una libranza algo más larga en la hora de su comida con el fin de poder despedirse. Tomamos el té en el barco. Le di las gracias. Regresó a su trabajo.

Es un mundo desamparado y yerto, es un sobrecogedor desierto emocional. El caso es que Frame llega por fin a su país y después a su pueblo, Oamaru. El abogado le dice que la propiedad es una porquería, que nadie va a querer comprarla, y que su hermano se va a casar y necesita un hogar, de modo que lo mejor que puede hacer es venderle su parte. Pero Janet Frame, nuestra pobre, solitaria, mentalmente inestable, apaleada, deprimida, electrocutada, estigmatizada, desdentada, abandonada y maravillosa Janet Frame, tiene muy claro lo que va a hacer: «Ya había tomado la decisión de regalarle a mi hermano mi parte —dice—, porque yo sabía que tenía poco dinero y también sabía que a lo largo de su vida él no había sido tan afortunado como yo». ¡Madre mía, tan afortunado como ella, cuando la vida de Frame era un absoluto espanto y lo único que poseía era la escritura!

Pues bien, ¿sabes lo que te digo? Que tenía razón.

AGRADECIMIENTOS, FUENTES Y UNA NOTICIA

He retomado en la escritura de este libro una malísima costumbre primeriza mía que creía haber superado hace mucho tiempo, y es la de forzar a unos cuantos sacrificados amigos a ir leyendo el texto pedazo a pedazo, a medida que iba saliendo de mis dedos, que es una de las peores maneras de leer, y sin duda la más aburrida. Mis gracias más encendidas, pues, a esos lectores generosos: María Luisa Calcerrada, Lorenzo Rodríguez, Marina Carretero Gómez, Ángela Cacho, Marta Pérez Carbonell. No tengo manera de compensaros ese amoroso esfuerzo de galeotes, así como los datos y sugerencias que me habéis ido dando por el camino.

Luego vienen mis geniales lectores de siempre: Alejandro Gándara, Nuria Labari, Myriam Chirousse, Ángeles Martín, Rosa López. Gracias mil por estar ahí y darme vuestra opinión. Elena Ramírez, formidable editora y amiga, me ha hecho sugerencias esenciales. Juan Max Lacruz ha realizado una auténtica autopsia al texto con su pericia editora y su generosidad habituales. Un equipo extraordinario de correctores y editores de mesa compuesto por Jesús Rocamora, Ariadna Ribera, Iraida Viñas y Javier Gómez han analizado este texto con lupa y solventado hasta el más mínimo fallo, y en un trabajo con tantísimos datos, fechas y referencias debo decir que es una labor titánica. Por último, los maravillosos Guillermo Lahera, psiquiatra, y Susana Gomara, neuróloga, han tenido la gentileza de leerse el manuscrito final para ver si había metido la pata técnicamente en algún lado (y han detectado unas cuantas equivocaciones). Gracias de corazón a todos ellos.

Estos son los libros principales que he usado en la redacción de esta obra. Extraordinarios y esenciales han sido *El cerebro del artista*, de Mara Dierssen; *El genio y la locura*, de Philippe Brenot; *Literatura y psicoanálisis*, de Lola López Mondéjar; *La nueva biología de la mente* y *La era del inconsciente*, de Eric Kandel; *Un ángel en mi mesa*, de Janet Frame; *Yoga* y *Una novela rusa*, de Emmanuel Carrère; *Mi suicidio*, de Henri Roorda; *Locura y arte*, de Adrián Sapetti; *La enfermedad de escribir*, de Charles Bukowski; *Escritos sobre genio y locura*, de Fernando Pessoa; *Suspense*, de Patricia Highsmith; *La poeta y el asesino*, de Simon

Worrall; *Viaje al manicomio*, de Kate Millett; *Cómo piensan los escritores*, de Richard Cohen; los preciosos minilibros de Jesús Marchamalo sobre Virginia Woolf, Fernando Pessoa, Isak Dinesen y Stefan Zweig; *The Creating Brain: the Neuroscience of Genius*, de Nancy Andreasen; *Lo que fue presente*, de Héctor Abad; *Palabra de Diosa*, de Ana Mañeru y Carmen Oliart; *Contar es escuchar*, de Ursula K. Le Guin; *The Thirsty Muse: Alcohol and the American Writer*, de Tom Dardis; *Escrito con drogas*, de Sadie Plant; *Preferiría ser amada* y *Ese Día sobrecogedor. Poemas del incesto*, de Emily Dickinson; *Hemingway contra Fitzgerald*, de Scott Donaldson; *El hundimiento*, de Scott Fitzgerald; *Autorretrato* y *Suicidio*, de Édouard Levé; *Cinco mujeres locas*, con la edición y un prólogo extraordinario de Miquel Berga; *El nenúfar y la araña*, de Claire Legendre; *Diarios completos*, *La campana de cristal* y *Ariel*, de Sylvia Plath; *Red Comet*, de Heather Clark; *Momentos de vida*, de Virginia Woolf; *Trilogía de Copenhague*, de Tove Ditlevsen; *Los límites de mi lenguaje*, de Eva Meijer; *Inferno*, de August Strindberg; *El mito de Sísifo* y *El verano*, de Albert Camus; *L'art de mourir*, de Paul Morand; *Loca*, de Nelly Arcan; *Autorretrato con radiador*, de Christian Bobin; *El Kulterer*, de Thomas Bernhard; *El descenso*, de Anna Kavan; *Planeta simbiótico*, de Lynn Margulis; *Incógnito*, de David Eagleman; *La loca de la puerta de al lado*, de Alda Merini. También importantes han sido *El abrazo del sapo*, de

tense de Madrid sobre los fenómenos ópticos cotidianos. Lo de la consciencia colectiva y el flujo de equipo lo leí en un estupendo trabajo divulgativo de Eduardo Martínez de la Fe en la revista *Tendencias*, y lo de que Dostoievski no hubiera sido él sin su epilepsia, en otro gran artículo de Gonzalo Toca Rey en *La Vanguardia*. El dato del famoso estudio sueco, según el cual los escritores tenemos un 50 % más de posibilidades de suicidarnos, lo saqué del libro de Eva Meijer, antes citado; es espectacular pero no he conseguido encontrar más información; he sabido que Juan Ramón Jiménez le proponía a Zenobia suicidarse gracias a Andrés Trapiello, y está en su texto «Zenobia del alma», perteneciente al libro *Los vagamundos*.

En cuanto dé por terminadas estas palabras finales, me pondré a hacer la maleta. Mañana salgo para Nueva York, y, de ahí, a Charlottesville. Voy a estar dos semanas, en principio en casa de mi amigo David Gies, pero en realidad con la intención de conocer más a Juan Pablo. Estos pasados meses nos hemos estado escribiendo mucho. E-mails y whatsapps. Los dos somos fóbicos a las llamadas de voz. Otra cosa más en la que nos parecemos. Por escrito, sin embargo, hemos llegado a una gran intimidad. Me ha explicado con detalle y pasión sus investigaciones neurológicas, que me parecen fascinantes. Y le he hablado mucho de este libro, que, por razones obvias, le afecta y le emociona.

APÉNDICE

ENTREVISTA CON DORIS LESSING

El País, 1997

Mientras bajamos del taxi la vemos asomada a la ventana de su casita de ladrillos típicamente inglesa, con su moño blanco y su chaleco azul, una anciana tan guapa y tan pulcra como el hada madrina de un cuento para niños. Hay que subir por las escaleras, llenas de cajas de libros, hasta el primer piso, que es donde la escritora tiene el cuarto de estar y nos espera. Aunque en realidad ella solo esperaba a una persona:

—No sabía que iba a venir un fotógrafo... —refunfuña.

Porque el hada madrina Doris Lessing tiene un genio de mil demonios, un carácter fortísimo que le ha hecho ser quien es y sobrevivir a través de penosas circunstancias. De esas circunstancias habla extensamente Lessing en su fascinante autobiografía, cuyo primer volumen, *Dentro de mí*, será publicado en España en estos días por la editorial Destino. Para apoyar el libro, precisamente, ha consentido que la entrevistaran, cosa que odia; de manera que ahora está aquí, enfrente de mí, para nada antipática, porque es primorosamente cortés y sonríe mucho; pero sí muy tensa, sin duda muy incómoda, deseosa de acabar con este trance. Cuando el fotógrafo la retrate después durante media hora, ella, la coquetísima Lessing («si me quito el chaleco pareceré dos veces más gorda»), aguantará la sesión con mucha más calma y más paciencia; pero la palabra, que es su territorio, la pone nerviosa. Tal vez tema no explicarse bien, o, para ser exactos, tal vez tema la incomprensión del mundo, personificada en mí en estos momentos: durante la entrevista se muestra a la defensiva varias veces. Sea como fuere, la nuestra es una conversación difícil, tartamuda, a ratos íntima, a ratos remota; llena de evidentes y mutuos deseos de entendernos, pero lastrada por no sé qué distancia insalvable, por ese pequeño abismo transparente que a veces aísla de modo irresoluble a las personas.

—En España es usted conocida sobre todo como la autora de *El cuaderno dorado*, que fue un hito para muchas personas de mi generación. Es su novela más famosa en todo el mundo, pero me pregunto si no estará usted un poco harta de que todos le hablen de ese libro, que fue publicado en

1962, y de ser conocida sobre todo como autora realista, cuando ha hecho usted muchas otras cosas, como, por ejemplo, una estupenda serie de ciencia ficción compuesta por cinco novelas...

—Bueno, ya sabe usted lo que son los tópicos, la gente necesita poner etiquetas en las cosas. Por eso es por lo que siempre hablan de *El cuaderno dorado*, porque es más fácil decir: Doris Lessing es la autora de *El cuaderno dorado*, y ya está. Pero eso le sucede a todo el mundo.

—¿Y no le desespera?

—Me irrita un poco... Pero ahora que me estoy haciendo vieja soy más tolerante.

—¿Fue por eso, para escapar de esos estereotipos, por lo que publicó aquellos dos libros con el nombre de Jane Somers? [En 1984, Lessing escribió dos novelas con seudónimo; sus editores habituales se las rechazaron, y cuando consiguió publicarlas las críticas fueron regulares y vendió muy poco.]

—No, lo hice porque me pareció un experimento interesante. Además, luego he descubierto que eso lo han hecho otros autores, solo que no se ha hecho público. Simplemente pensé: voy a ver qué pasa. Los críticos dijeron que el *Diario de una buena vecina* era una primera novela prometedora... Lo cual resulta curioso. Y también recibí cartas interesantísimas, como una que venía de una escritora de libros románticos muy muy conocida, que me dijo que llevaba publicados, no sé, pongamos que 73 libros, y siempre era maravillosa y fantástica y fenomenal para todo el mundo, y vendía millones de ejemplares de cada uno; y entonces escribió una novela más, pongamos que la número 74, y puso un seudónimo y la mandó a sus mismos editores, y se la devolvieron diciendo que no se podía publicar, que no les gustaba mucho, y que le sugerían que estudiara las obras de Fulana, o sea, de ella misma. Y entonces ella volvió a enviar el manuscrito a sus editores, esta vez con su propio nombre, y le dijeron: oh, maravilloso, estupendo, querida, cómo lo consigues, siempre escribes tan bien...

—Como usted misma dijo cuando el experimento Somers, nada tiene tanto éxito como el éxito...

—En efecto, es absolutamente así.

—Usted parece tomárselo muy filosóficamente, pero a mí me resulta terrible. Se diría que es imposible lograr una apreciación mínimamente objetiva de las obras...

—Bueno, esa apreciación lleva cierto tiempo. Cada libro tiene su propia vida. Por lo general, todos los libros tienen que luchar al principio contra la negatividad y la indiferencia. La mayoría de mis libros han tenido violentas reacciones negativas en contra, especialmente los de ciencia ficción, pero los demás también.

»Ahora estoy escribiendo una novela de aventuras, es la primera vez en mi vida que hago algo semejante, y estoy disfrutando muchísimo. Bueno, pues tengo interés en ver qué ocurre cuando salga este libro, porque es un campo completamente nuevo en mi literatura. Y seguro que los críticos volverán a decir lo mismo: pero por qué está haciendo esto, Doris, por qué está perdiendo el tiempo... Es una actitud totalmente predecible.

—Me admira esa seguridad en sí misma que muestra: por ejemplo, a pesar del varapalo de los críticos a sus obras de ciencia ficción, usted siguió escribiendo novela tras novela hasta terminar la pentalogía...

—Porque me divertía haciéndolas. También me está divirtiendo mucho este libro de aventuras que ahora escribo, y si después a la gente no le gusta me dará igual, porque de todas formas habré disfrutado haciéndolo.

—¿Nunca se quedó bloqueada, nunca pasó por una época de sequía creativa?

—No, no. A veces he querido escribir un libro concreto y no he sabido cómo hacerlo, cómo resolverlo, y me he pasado diez años hasta encontrar el modo. Pero mientras tanto hacía otros libros. Bueno, he estado algunas épocas sin escribir, pero por decisión propia. Una vez me pasé un año entero sin escribir, a propósito, para ver qué sucedía. Tuve muchos problemas. Creo que no me sienta bien no escribir: me pongo de muy mal humor. La escritura te da una especie de equilibrio.

Es orgullosa como el héroe de las viejas películas del Oeste, ella sola y siempre rebelde contra el mundo, contra los críticos adocenados, contra las injusticias, contra la estupidez, contra los abusos. Al envejecer todos nos vamos solidificando en nuestra especificidad y nuestras rarezas, y esta digna anciana de pequeños e intensos ojos verdes parece hoy más indómita que nunca. Nació en Persia en 1919, pero a partir de los cinco años vivió en la antigua colonia británica de Rodesia, hoy Zimbabue, en una modesta granja en mitad de los montes, en donde creció obstinada y algo salvaje. A los catorce años se marchó de casa, a los dieciocho se casó; luego se divorció y abandonó a sus dos primeros hijos; se enfrentó al régimen racista de la colonia y se hizo del Partido Comunista, pero años después dejó la militancia y denunció lúcida y tempranamente el comunismo, lo cual le acarreó bastantes críticas.

Llenó su vida, en fin, de actos inconvenientes, y ni siquiera el hecho de llevar veinte años siendo nominada para el Nobel ha hecho de Doris Lessing una mujer convencional. La sala de su casa apenas si tiene muebles: hay unas cuantas alfombras persas muy raídas y varios cojines viejos por los suelos, como en el piso de un hippy o de un okupa. En una esquina, una gran mesa de madera está cubierta por entero de libros y papeles (un ejemplar en inglés de *Fortunata y Jacinta*, un diccionario de ruso abierto por la mitad, un álbum de pinturas);

como no hay sillas a la vista, es de suponer que Doris lee de pie. El sofá en el que nos encontramos tiene las patas serradas, de manera que queda exageradamente bajo. No resulta el asiento más apropiado para una mujer que está cumpliendo ahora setenta y ocho años, pero a la luchadora Lessing parecen indignarle las trabas físicas de la edad, e insiste en sentarse en los suelos como si semejante gimnasia no le costara nada. Pero sí que le cuesta, por supuesto, aunque aún esté bastante ágil. Se apoya en la rodilla y gruñe: «Esto es la vejez, ¿se da cuenta? La vejez es esta dificultad para levantarse».

—Tengo entendido que ha escogido usted a Michael Holroyd para que sea su biógrafo oficial...

—Leí la biografía que le hizo a Bernard Shaw, y era tan buena, tan llena de sensibilidad y entendimiento de la penosa infancia de Shaw, que pensé que, si me tenían que hacer alguna biografía, prefería que fuera él quien la hiciese.

—¿Le preocupa la posteridad?

—No. Pero es que han empezado a hacerse biografías sobre mí por ahí. En un momento determinado de mi vida yo puse en mi testamento que no quería que me hicieran biografías, pero luego me di cuenta de que eso no servía para nada, porque otros escritores también lo pusieron en sus testamentos y nadie ha respetado sus deseos. Y la cosa es que, si van a hacer libros sobre mí de todos modos, preferiría que al menos uno fuera de Holroyd.

—Habla usted de la penosa infancia de Shaw... Usted dijo en una entrevista: «He sido una niña terriblemente dañada, terriblemente neurótica, con una sensibilidad y una capacidad de sufrimiento exageradas». Y en el primer volumen de sus memorias escribe: «Estaba luchando por mi vida contra mi madre». Desde luego no parece una niñez muy agradable.

—Fue una infancia muy tensa, y creo que la mayoría de los escritores han tenido una infancia así, aunque esto no quiere decir necesariamente que tenga que ser muy desgraciada, sino que me refiero a ese tipo de niñez que te hace ser muy consciente, desde muy temprano, de lo que estás viviendo, que es lo que me sucedió a mí.

—Su autobiografía está llena de mujeres frustradas, y la primera de ellas es su madre. Era un ambiente muy opresivo del que usted necesitaba huir.

—Sí, mi primera sensación era: tengo que escapar de aquí. Ahora bien, cuanto más mayor me hago más entiendo a mi madre, no la condeno en absoluto. Ahora entiendo exactamente cómo era y por qué hacía las cosas que hacía. Entiendo su drama, y también entiendo que para ella fue una tragedia tener una hija como yo. Si hubiera tenido una hija distinta las cosas le hubieran ido mucho mejor.

—¿Cuándo murió su madre?

—Uhhh... A principios de los sesenta.

—¿Y consiguió usted decirle que la entendía?

—No. Desearía haber estado más cerca de ella. Y eso es una cosa terrible. Éramos personas tan diferentes, temperamentalmente hablando. Y eso fue una tragedia. Simplemente no podíamos comunicarnos la una con la otra. Y eso no fue culpa de nadie. Yo he tenido tres hijos, sabe, y sé que los hijos son una lotería.

—En su autobiografía, de todas formas, su madre es un personaje maravilloso. Frustrada, autoritaria y depresiva en ocasiones, pero al mismo tiempo tan fuerte, tan valiente, matando serpientes a escopetazos y llevando adelante una existencia de lo más difícil.

—Sí, era un personaje extremadamente fuerte y muy capaz. Odiaba su vida, y sin embargo se enfrentó a ella y la manejó muy bien y con gran valor.

—Usted se recuerda, de niña, diciéndose mentalmente una y otra vez: «No seré como ella, no seré como ella». Y sin embargo me parece que de algún modo es usted muy parecida a ella.

—Sí, seguro que sí. Hay en mí una dureza y un rigor que seguro que vienen de mi madre. Y me alegro, porque ciertamente era una mujer muy resistente.

—Y usted también lo es.

—He tenido que serlo.

—Ya sé que nunca llora.

—Eso no es cierto.

—En sus memorias, usted misma dice que por desgracia llora muy raramente.

—Bueno, desearía llorar más. Sí, es una pena que no llore más. De hecho creo que eso es lo que subyace tras este tremendo fenómeno que se ha suscitado con la muerte de Diana. Leí en un periódico que el mundo entero estaba necesitado de una buena llantina, y que la gente aprovechó la excusa de la muerte de Diana para darse una panzada a llorar. Y sí, creo que eso es la verdad más absoluta, porque de otro modo ese lío absurdo que se montó no tendría ningún sentido.

—Oscar Wilde dijo que la desgracia de los hombres era que nunca se parecían a sus padres, mientras que la desgracia de las mujeres era que siempre se parecían a sus madres...

—Wilde dijo muchas cosas agudas, pero no necesariamente verdaderas. Otra es: todo hombre mata aquello que ama, y tú te dices: oh, sí, qué brillante. Pero luego te pones a pensarlo y te dices: pero si no es verdad.

—Tiene usted razón, pero esa frase de Wilde sobre los padres me parece acertada. Claro que él se está refiriendo a aquellas madres tradicionales que no podían desarrollar una vida independiente. Ahora las cosas han cambiado, pero ha habido unas cuantas generaciones de mujeres que crecieron intentando huir, a menudo sin éxito, del destino de sus amargadas madres.

—Sí. Yo siempre sentí pena por mi madre. Incluso desde que yo era muy pequeña pude percibir muy claramente lo desgraciada que era. La combinación de encontrarla intolerable, y sentir al mismo tiempo una desesperada compasión por ella, era lo que hacía la situación difícil de soportar. Ahora, en efecto, las cosas han mejorado muchísimo, porque ahora las mujeres trabajan, y el principal problema de muchas de aquellas mujeres era que hubieran querido trabajar y no podían. En realidad ya no veo mujeres como mi madre alrededor. Era terrible lo que pasaba antes. Toda mi generación tiene madres frustradas y amargadas. Y todas estuvimos intentando escaparnos de lo que ellas eran.

—Sus memorias dejan la clara impresión de que usted se sentía muy distinta a todos cuando era pequeña, y esa diferencia, llevada hasta su extremo, es la locura. ¿Ha tenido usted alguna vez miedo a volverse loca?

—Mire, esto es muy interesante. No creo haber temido la locura, porque, primero, eché mis miedos fuera a través de la literatura, es decir, escribí mi miedo a la locura. Y, en segundo lugar, creo que tengo muchos puntos de contacto con aquellas personas que están locas, pero creo que yo puedo... Es algo en sí mismo interesante, creo que puedo... no me gusta la palabra *sublimar*, pero, en fin, creo que puedo simplemente pasar mi locura a... tal vez a otra gente. Puedo rebotarla fuera de mí.

—En un momento del libro cuenta usted que

durante muchos años lloró con tan lacerante desconsuelo la muerte de los gatos que por fuerza tenía que pensar que estaba algo demente.

—Es que hay algo loco en una persona que llora con absoluta y total desesperación durante diez días por la muerte de un gato, cuando no se ha comportado así en la muerte de su propia madre. Es algo demencial, irracional. Es un desplazamiento del dolor.

Siempre buena anfitriona, Lessing nos pregunta media docena de veces si queremos tomar algo. No, no queremos nada, muchas gracias. Al final de la entrevista, entre el alivio de haber acabado y la inquietud de no haber sido lo suficientemente afectuosa, Lessing me regala dos de sus libros, e insiste en que tomemos un pedacito de dulce de jengibre. Salimos al jardín a hacer las fotos: el piso bajo y la cocina están atestados de libros y de trastos. Al parecer siempre fue bastante desordenada, y vivir solo suele multiplicar nuestra tendencia al caos. Hasta hace muy poco, Lessing vivió con Peter, su tercer hijo, que debe de andar por los cincuenta: «Pero ahora él se ha cogido un apartamento por su cuenta».

De modo que Doris se ha quedado en la casita de ladrillo acompañada por *El Magnífico*, un gato guapo y grande pero viejísimo, un animal de diecisiete años al que acaban de amputarle una pata porque tenía cáncer en el hombro. «Pobre —suspira Doris—. El pobre está muy anciano y con solo

tres patas. Pero qué se le va a hacer, así es la vida.»
La vida para Doris, me parece, es una negrura contra la que hay que luchar enarbolando palabras
luminosas. O es como su jardín, tan crecido como
una selva: «En primavera estuvo hermoso, pero
ahora, ya lo ve». Ahora está devorado por la male-
za. Es la vida como un asedio, en fin, y afuera se
agolpan la edad, la muerte, la decadencia y la melancolía. Pero ella resiste los ataques y sigue defen-
diendo la plaza día a día, valerosa Lessing, luchadora, tan bella con su moño bien atusado y sus
ropas coquetas, tan poderosa aún con su lucidez y
su prosa perfecta.

—En sus memorias se refiere de pasada a una
época en la que sufrió muchísimo...

—Ah, sí, habla usted de la época de depresión...
Fue un dolor tan enorme, tan poderoso... Creo que
entiendo lo que es el dolor, ¿sabe? Suprimimos
cosas de nuestra conciencia, reprimimos sentimientos y los llevamos enterrados en el fondo del
corazón. Y de repente sucede algo como... No sé,
como el asunto de Diana, por ejemplo, y la gente
encuentra una razón para llorar. Porque en realidad están llorando por sí mismos.

—¿Y qué le sucedió en aquella ocasión, para
sufrir así?

—No importa lo que sucedió, seguro que fueron razones de lo más irrelevantes. Lo importante
es saber que sucede así, que un día, de repente,
inesperadamente, cae sobre ti toda esa pena y te

inunda, y entonces te tienes que preguntar sobre qué habrás estado sentándote, qué habrás estado silenciándote a ti misma durante todos los años anteriores.

—Si le pregunto sobre la razón de aquella caída, no es por mera curiosidad. Usted es una persona que vive, reflexiona sobre lo que vive, y escribe después sobre todo ello, y para mí, y para muchos otros de sus lectores, es una especie de exploradora de la existencia, una pionera que camina delante...

—Esa es una imagen bonita.

—Es el adelantado que nos va explicando a los demás lo que nos espera en la vida.

—Me gusta mucho esa idea.

—Y me gustaría saber qué es lo que hay ahí delante que puede resultar tan doloroso.

—Tendría que pensar sobre ello. He conocido a personas que están deprimidas clínicamente hablando, y cuando yo experimenté aquellos momentos de intensa pena me pareció que solo había un escalón de bajada entre mi pena y la depresión clínica, que era muy fácil bajar de la una a la otra. Y entonces tienes que preguntarte de dónde viene todo ese dolor. No sé, creo que la gente bloquea a menudo el recuerdo de sus infancias porque les resulta un recuerdo intolerable. Simplemente no quieren pensar en ello. Y a menudo está muy bien que no nos acordemos, porque de otro modo seríamos incapaces de vivir. De manera que paso mucho tiempo de mi vida mirando a los bebés y a los niños pequeños y pensando: qué estará sucediendo realmente por ahí abajo.

—Por cierto, usted, al separarse de su primer marido, tuvo que abandonar a sus dos niños. Debió de ser algo muy doloroso.

—Fue una cosa terrible, pero tuve que hacerlo. No puedo decir que fuera una buena decisión, pero pudo haber salido mucho peor en todos los sentidos. Mis hijos fueron siempre extremadamente generosos, ni mi hijo ni mi hija me condenaron jamás y siempre me apoyaron. Mi hijo John murió, no sé si lo sabe. Murió hace algunos años de un ataque al corazón.

—No lo sabía. Debía de ser muy joven.

—Mucho. Cincuenta y pocos años. Bebía mucho, comía mucho, era una de esas personas que tenían que vivir al límite... Pero, en fin, el caso es que tuve que dejar a mis hijos, tuve que hacerlo, era cuestión de vida o muerte para mí. No hubiera podido seguir soportando aquella vida de blancos en Suráfrica. En fin, qué más da. Todo esto ya es agua pasada hace mucho, mucho tiempo...

—Usted siempre ha hecho y dicho cosas poco convencionales. Es la antítesis de lo políticamente correcto. Y esto le ha granjeado muchas críticas: los de derechas la odian, la izquierda ortodoxa considera que es una traidora...

—Así es.

—Ese lugar suyo del rigor y la lucidez, ¿no es muy solitario?

—Bueno, alguien dijo que uno de los grandes problemas de ser viejo era que no puedes decir en voz alta casi ninguna de las cosas que realmente piensas, porque siempre resultas ridículo o chocante o molesto.

—Suena bastante triste.

—Siempre puedes hablar con los contemporáneos.

—¿Y cómo vive usted todo esto, cómo vive sus setenta y ocho años?

—Lo que está usted preguntando es cómo llevo ser vieja, ¿no? Pues bien, ¿qué le vas a hacer? No hay más remedio que vivir la vejez. No puedes hacer nada contra ella.

—Ya le he dicho antes que para mí usted es una especie de exploradora. Por favor, dígame que también a esa edad hay momentos en los que la vida resulta hermosa.

—Yo nunca pensé que la vida fuera hermosa.

—Pues entonces dígame por lo menos que todavía se conserva la curiosidad, y la excitación de conocer cosas nuevas, y el placer de escribir...

—Sí, eso sí. Todo eso se mantiene aún intacto.